Rudolf Eberstadt

Die Entwicklung des Gewerberechts und der gewerblichen Besteuerung in Frankreich

vom zwölften bis zum Ende des fünfzehnten Jahrhunderts

Rudolf Eberstadt

Die Entwicklung des Gewerberechts und der gewerblichen Besteuerung in Frankreich
vom zwölften bis zum Ende des fünfzehnten Jahrhunderts

ISBN/EAN: 9783743680869

Hergestellt in Europa, USA, Kanada, Australien, Japan

Cover: Foto ©Suzi / pixelio.de

Weitere Bücher finden Sie auf **www.hansebooks.com**

DIE ENTWICKLUNG

DES

GEWERBERECHTS

UND DER

GEWERBLICHEN BESTEUERUNG

IN

FRANKREICH

VOM

ZWÖLFTEN BIS ZUM ENDE DES FÜNFZEHNTEN JAHRHUNDERTS

VON

RUD. EBERSTADT.

ZÜRICH
BUCHDRUCKEREI EMIL MEYER
1895.

DIE ENTWICKLUNG

DES

GEWERBERECHTS

UND DER

GEWERBLICHEN BESTEUERUNG

IN

FRANKREICH

VOM

ZWÖLFTEN BIS ZUM ENDE DES FÜNFZEHNTEN JAHRHUNDERTS

VON

RUD. EBERSTADT.

————◄•►————

ZÜRICH
BUCHDRUCKEREI EMIL MEYER
1895.

Litteratur: Depping, Einleitung zu seiner Ausgabe des Livre des métiers, Paris 1837. de Lespinasse et Bonnardot, Einleitung zu ihrer Ausgabe des Livre des métiers, Paris 1879. René de Lespinasse, Les métiers et corporation de la ville de Paris, Paris 1886 und folgende. Levasseur, Histoire des Classes ouvrières en France depuis Jules Cesar jusqu' à la Révolution, Paris 1869 2 Bd. Fagniez, Etudes sur l'Industrie et la Classe industrielle à Paris au 13 me siècle Paris 1877 Warnkönig-Stein französische Staats- und Rechtsgeschichte Bd. I, Basel 1846. Wolowsky, de l'Organisation industrielle, (Revue de Legislat et de Jurispr. Bd. 17), Paris 1843. Delamare, Traité de Police. Paris 1729 4 Bd. Dalloz, Repertoire Bd. 27, S. 648 ff. Wilda, das Gildenwesen im Mittelalter, Halle 1831. Schmoller, Strassburg zur Zeit der Zunftkämpfe, Strassburg 1876, ders. Strassburger Tucher- und Weberzunft, Strassburg 1879. Stieda, Entstehung des deutschen Zunftwesens Jena 1876. Hegel, Städte und Gilden der germanischen Völker im Mittelalter, Leipzig 1891. Gierke, deutsches Genossenschaftsrecht, Berlin 1868/81. Schönberg, zur wirtschaftlichen Bedeutung des deutschen Zunftwesens im Mittelalter, Berlin 1886; und die Litteraturangaben im Text und in den Anmerkungen.

Die Ordonnances des Roys de France de la troisième Race (sog. Collection du Louvre) sind citirt als « C. d. L. » Der Recueil des anciennes lois françaises, par Isambert, als « Isamb. »

— · ·· ◆◆◆ ·——

Die nachfolgende Studie macht den Versuch, den Entwicklungsgang des Gewerberechts und der gewerblichen Besteuerung in Frankreich bis zum Ausgang des fünfzehnten Jahrhunderts darzustellen.

Die Aufgabe ist aus mehr als einem Grund eine schwierige. Die Geschichte des Gewerberechts ist vor Allem die Geschichte des Zunftwesens, und es giebt kaum ein Moment des wirtschaftlichen und politischen Lebens, das hier nicht in irgend einer Form seine Wirkung übte und Berücksichtigung erforderte. Auf diesem geradezu unerschöpflichen Gebiet ist die Beschränkung schwieriger als die Ausbreitung.

Als Richtpunkte, in welche diese Studie sich einfügen soll, habe ich deshalb die Beziehungen des Gewerbes zu der allgemeinen Landesverwaltung gewählt. Die Stellung der gewerblichen Organisationen und Einrichtungen im System des öffentlichen Rechts eines jeden Zeitalters war massgebend für das, was ich in den Kreis dieser Darstellung einbezog und was ich unberücksichtigt liess. Ich hoffe, dass es mir gelungen ist, die gezogenen Grenzen im Grossen und Ganzen einzuhalten, und in der folgenden Schilderung ein in sich abgeschlossenes Bild zu geben.

Das Material, das ich benutzte, besteht aus Urkunden, Privilegien und Statuten über das Gewerbewesen, die in Sammlungen, Sonderausgaben und Einzelwerken veröffentlicht sind. Die Bücherbestände, die ich bei Abfassung dieser Studie benutzen konnte, enthalten indes von Statuten der Provinzialstädte nur die von Amiens. Auf die hierdurch, wenigstens vorläufig, entstandene Lücke werde ich an geeigneter Stelle (S. 68) noch genauer hinweisen.

I. Abschnitt

bis zum Jahre 1268 (Abfassung des Livre des métiers).

Der. Stand der Unfreiheit wurde in Frankreich im zwölften Jahrhundert durch drei Massregeln durchbrochen: durch das Affranchissement, die Befreiung der Leibeigenen; durch die Errichtung der Communes, der Städte mit Schutzgildenverfassung; und durch die Verleihung der Bourgeoisie du Roy, das ist, die Aufnahme unter die Bürgerschaft des Königs.

Dieser Umschwung gab den Hintersassen die persönliche Freiheit und Rechtsfähigkeit, vor allem das Recht

des persönlichen Erwerbs und Eigentums, das Recht zu erben
und zu vererben; aber er brachte ihnen keineswegs die Befreiung von grundherrlichen Diensten und Lasten; diese
blieben als grundherrliche Rechte bestehen, nur ihr früher
unbestimmtes Maas wurde durch Charten und Privilegien
nunmehr genau festgestellt, und ein Teil derselben wurde in
eine Geldabgabe umgewandelt.

Dass schon vor dieser Zeit ein gewerkschaftlicher Zu-
sammenschluss unter den Handwerkern bestand, können wir
als erwiesen annehmen; Urkunden hierüber sind uns indes
nicht erhalten. [1]

Die ältesten Zeugnisse, denen wir verlässliche Angaben
über die gewerbliche Organisation entnehmen können, stammen
aus dem zwölften Jahrhundert. Das erste unter ihnen betrifft
indes nicht das Handwerk, sondern die Kaufmannschaft. Im
Jahre 1121 verleiht Ludwig VI. einen Zoll von 60 solidis auf
Weinschiffe den Mercatoribus aquae, den Marchands de l'eaue
zu Paris. [2]

Die hier zuerst genannte Marchandise de l'eaue war
schon damals eine angesehene Kaufmannsgilde, die den Grosshandel auf dem Seinefluss betrieb; sie hat sich bald zu einer
mächtigen Korporation entwickelt, die landesherrliche Rechte
an sich brachte und ihren Organismus allmählich zu der
Stadtverwaltung von Paris. umbildete und erweiterte. [3]

Die Marchandise de l'eaue hat demnach ihre eigene
Geschichte, die einem anderen Gebiete angehört, als der

---

[1] Die chandeliers-huiliers liessen in ihren späteren Statuten (C. d.
I. Bd. XVI. S 285) ein Privileg einschalten, das Philipp I. ihnen angeb-
lich im Jahre 1061, betreffs des Kleinhandels mit Gegenständen des Marktverkehrs, erteilt haben soll, (vergl. Levasseur a. a. O. Bd. I. S. 191,
Mazaroz, Histoire des Corporations françaises d'Arts et Métiers Paris
1874, S. 63). Die Urkunde wird indes weder im Original, noch in einer
Abschrift, sondern nur in einer französischen Uebersetzung überliefert.
In den neuen Publikationen von Lespinasse wird dies Privileg mit Recht
nicht mehr berücksichtigt.

[2] Recueil de chartes etc. zu Leroy, dissertation sur l'origine de
l'Hotel de Ville, bei Felibien, Histoire de la ville de Paris, Paris
1725, Bd. I. S. 95 No. 1.

[3] Vgl. die Darstellung bei Wilda a. a. O. S. 239 und insbesondere die vorgenannte Abhandlung Leroys: ferner Depping's Einleitung zu seiner Ausgabe des Livre métiers.

Gegenstand unserer Darstellung. Der Inbegriff der Rechte, welche die Pariser Kaufmannsgilde im zwölften und dreizehnten Jahrhundert erwarb, lässt sich am besten als ein Stapelrecht kennzeichnen. Die Kaufmannsgilde beherrschte den Handel auf der Seine innerhalb des Pariser Gebietes vollständig und unumschränkt: und weil sie somit Herrin des Mittellaufs der Seine war, so wurde ihr auch der gesamte Waarenaustausch zwischen Champagne und Normandie tributpflichtig. Nur wer Mitglied der Gilde war oder ein solches Mitglied zum Teilhaber hatte, der konnte innerhalb des Pariser Gebietes auf dem Wasserwege Handel treiben.[1]

Die Gilde hatte als vornehmstes Attribut die Gerichtsbarkeit über ihre eigenen Mitglieder in bürgerlichen und Strafsachen. Hierzu erwarb sie noch die Jurisdiction in allen Sachen zwischen Einheimischen und Fremden, welche den Handel auf dem Wasserwege und die Schifffahrt betrafen; die Aufsicht über die Wasserläufe innerhalb des Stadtgebiets; einen Teil des Mess- und Aichwesens; einige Handelsabgaben ähnlich dem obigen von Ludwig VI. verliehenen Schiffszoll — ein Kreis wichtiger Rechte und Amtsbefugnisse, der schon frühzeitig eine eigene, selbständige Verwaltung umschliesst.

Diese Verwaltung, an Macht und Ansehen mit der Stadt selber wachsend, hat sich folgerichtiger Weise zur S t a d t - v e r w a l t u n g v o n P a r i s erweitert, deren Grundlagen sie von Anbeginn in sich trug. Mit Recht sagt Leroy am Schluss seiner Darstellung über den Ursprung des Hotel de Ville: « Les premiers Rois de la troisième Race s'appliquèrent à rétablir l'état populaire des villes du royaume en concédant à la plupart d'entre elles le droit de commune. Mais à

---

[1] Das Stapelrecht bezog sich indes nicht auf Güter, welche der Besitzer in seinem eigenen landwirtschaftlichen Betriebe erzeugt hatte Die Produkte seiner eigenen Aecker und Weinberge konnte der Besitzer frei durchführen. Sie wurden nicht als Handelsgut betrachtet. Parlamentsentscheidung gegen die Kaufmannsgilde, v. 1154: Cum questio esset inter cives Paris. ex una parte et homines de Cormelliis ex altera, super eo quod ipsi cives petebant vina ipsorum de propriis vineis suis provenientia, que ipsi homines duxerant per aquam ad vendendum in Normanniam .... judicatum fuit quod vina hujusmodi non erant mercatura, sive mercandisia. Le r o y a. a O. S. 101 No. 15. Ueber den obigen Grundsatz vergl. auch S. 36 dieser Studie.

l'égard de Paris, qui n'avait pas besoin d'une semblable con-
cession, ils ne firent que confirmer les anciennes coutumes
du corps municipal, toujours subsistant en celui des marchands de l'eaue. › ⁵)

Das Gildehaus, das Parloir aux bourgeois, wurde zum
Rathaus, dem späteren Hôtel de ville. Das Siegel der Kauffahrer, das zweimastige Schiff, wurde zum Stadtwappen. Der
Vorsteher der Kaufmannsgilde, der Prevôt des Marchands,
wurde der Bürgermeister von Paris, dessen Amt die meisten
seiner alten Vorrechte, vor allem eine eigene Gerichtsbarkeit
bis zur französischen Revolution behielt. —

Wir wenden uns nunmehr zu den ältesten Urkunden,
die von dem Pariser Handwerk sprechen. Die Fleischer werden
im Jahre 1134, die Krämer im Jahre 1137 erwähnt; beide Male
indes nicht selbstständiger Weise, sondern nur bei königlichen
Verleihungen an Klöster, und ohne dass sich auf die rechtliche Stellung oder die Organisation der Handwerker hieraus
irgend welche Schlüsse ziehen lassen. ⁶)

Eine für uns bemerkenswerte Urkunde citiert dagegen
Brussel in seinem usage des Fiefs S. 236. ⁷) Es ist ein Edikt
Ludwig des VII. vom Jahre 1160, des Inhalts, dass der König
das Meisteramt (Magisterium) von fünf Gewerken, nämlich
der Altflicker, Lederbereiter, Schuster, Weissgerber und
Säckler, an Theci, Ehefrau des Yvo la Choé, zu erblichem
Besitz verleiht.

Es heisst darin:

Noveritis quod nos dedimus et concessimus exnunc in
posterum Theci uxori Yvoni la Choe et ejus heredibus magisterium çavatorum, baudreorum, sueorum, mesgeyorum et bur serio-
rum in villa nostra Parisiensi cum toto jure ipsius magisterii quod

---

⁵) S. Leroy, a. a. O. S. 94.

⁶) Die Urkunden sind abgedruckt bei Félibien a. a. O. Pièces
justifacativis Bd. III. Von den Fleischern wird nur gesagt, dass einer
ihrer Stände tauschweise an Guillelmus Sylvanectensis (d. h. Senlis)
vergeben wird (S. 61): und von den Krämern heisst es nur, dass auf
ihre Verkaufsstände ein Zins angewiesen wird. (S. 54).

⁷) Und gleichlautend Ducange in seinem Glossarium mehrfach
passim.

habebamus et habere poteramus, et percipere dimidium excubiarum dictae villae cum omnibus pertinentibus ad eadem,
et aliorum ad dictum magisterium pertinentium.

Das Dokument bietet uns einige beachtenswerthe Angaben. Die fünf Gewerke zeigen sich hier noch mit klar
erkennbaren Spuren des Hofrechts behaftet. Das hier er-
wähnte Meisteramt, das Magisterium, ist von dem späteren,
der Maitrise, streng zu scheiden; denn gerade darin liegt
der Abstand zwischen Hofrecht und Zunftrecht, dass das
erstere für jedes Handwerk nur e i n e n Meister kennt, dem
die grundherrlichen Handwerker insgesamt als unselbständige
und untergeordnete Diener unterstehen. Nach Zunftrecht
bildet dagegen das Handwerk eine Corporation, deren einzelne Mitglieder selbstständige Meister sind, die ihrerseits wieder ihre Untergebenen haben. [8])

Mit der Uebertragung dieses alten Magisteriums war die
Gerichtsbarkeit über die Handwerker und die Vereinnahmung
der Strafgelder verbunden. Im vorliegenden Falle behielt
sich der König die Hälfte aller hierher gehörigen Fälle und
Bussen vor, während er die andere Hälfte verleiht mit den
Worten percipere dimidium aliorum ad dictum magisterium
pertinentium. [9])

Eine grundherrliche Verpflichtung, die der kaum abge-
streiften Hörigkeit entstammt, finden wir in der Stelle: percipere dimidium excubiarum dictae villae cum omnibus pertinentibus ad eadem. Brussel übersetzt den Ausdruck excubiae wortgemäss mit « veilles »; die gebräuchliche Uebersetzung lautet indes « Guet ». [10]) Es ist dies die Verpflichtung
zum Wachtdienst, die uns späterhin, aber auf anderer Grundlage reconstruiert, wieder begegnen wird (S. 54). Aus dem

---

[8]) M a u r e r Fronhöfe II 336: die damaligen Bäckermeister, Schnei-
dermeister und anderen Werkmeister haben sich von unsern heutigen
Handwerksmeistern, deren jede Zunft immer mehrere hat, wesentlich
dadurch unterschieden, dass sie allein die Herren und Meister, die übrigen
Arbeiter dagegen nur ihre Diener waren.

[9]) Vgl. hierzu S. 26 dieser Studie

[10]) Vgl. D u c a n g e s. v. Excubiae No. 4: Jus quod Wardia dici-
tur « droit de garde » quod scilicet vassalli ac tenentes debent in castris
dominorum.

obigen Zusammenhang ergiebt sich nun, dass die Befreiung vom Wachtdienst damals gegen eine Geldzahlung gewährt wurde; denn sonst hätte Theci aus dem dimidium excubiarum keine Einnahme ziehen können. Später war dies nicht mehr der Fall, nachdem durch eine Reorganisation um die Mitte des dreizehnten Jahrhunderts der Wachtdienst aus einer grundherrlichen Last zu einer bürgerlichen Pflicht geworden war.

Eine Uebertragung des Magisteriums wie die vorliegende — lediglich des Einkommens wegen, und ohne allen Zusammenhang mit dem Handwerk selber --- ist hundert Jahre später nicht mehr nachweisbar. Wir werden späterhin bei der Besprechung des livre des Métiers von diesem alten Meisteramt eingehend zu handeln haben; doch stehen dort die Inhaber eines solchen Amtes stets in begründeten Beziehungen zu den ihnen untergeordneten Gewerken — ein Beweis, dass sich die Stellung der Handwerker in der Folgezeit dauernd hob und festigte. —

Zwei Jahrzehnte nach der Ausfertigung dieser Urkunde ergeht das erste uns erhaltene Zunftstatut, das die Unterschrift eines französischen Königs trägt.

Im Jahre 1180 bestieg Philipp II. Augustus den Thron, ein ächter Mehrer des Reiches. Unter ihm erfuhr das Handwerk besondere Förderung; und wenn sich die Pariser Zünfte im Livre des Métiers auf ältere Privilegien berufen, dann ist es fast immer «li bon Roi Phelippe», der sie ihnen verliehen hat. Im Jahre 1182 finden wir nun zum ersten Mal ein Zunftstatut; es ist das der Pariser Fleischerzunft. Das Fleischerhandwerk selbst wird, wie oben S. 7 bemerkt, schon im Jahre 1134 beiläufig erwähnt; doch erst jetzt werden die Rechte und Verpflichtungen der Zunft niedergeschrieben und durch königliches Privileg anerkannt. [11]

Das Privileg ist in vier Artikeln abgefasst. Die Fleischer hatten sich seit langen Jahren eine feste und angesehene

---

[11] In der Einleitung des Statuts sagt der König: quoniam consuetudines ille in carta quam a Patre nostro habebant non erant scripte, eas scripto mandari precipimus. Hierzu bemerkt Lespinasse mit Recht: Une pareille affirmation de la part d'un métier aussi important autorise à croire que les autres communautés devaient être dans le même cas; on ne saurait donc rechercher des textes de statuts avant le règne de

Stellung geschaffen. Schon einige Jahrzehnte zuvor, im Jahre 1155, hatten sie sich gegen die Klosterfrauen von Montmatre im Alleinbesitz der Pariser Fleischbänke behauptet. Im ersten Artikel des Statuts bestätigt der König nunmehr ihre früheren Rechte; das Privileg gilt innerhalb der Pariser Bannmeile und umfasste zu jener Zeit noch das Recht des Verkaufs von Fluss- und Seefischen, das ihnen aber späterhin abgenommen wurde.

Nach Artikel II muss Jeder, der neu in das Handwerk eintritt, bei seiner Aufnahme die Genossen mit Speis und Trank bewirten; es sei denn, dass Jene freiwillig auf dies Recht verzichten.

Artikel III verpflichtet jeden Fleischer zur Zahlung zweier jährlicher Zinse im Gesamtbetrag von 38 denaren; und zwar sind zu zahlen 12 denaren an den König selbst, und in zwei Terminen je 13 denaren « an denjenigen, der vom König damit belehnt wird » (illi qui id a Nobis tenet in feudum).

Artikel IV statuiert zunächst ein an den königlichen Prevot zu entrichtendes « Stallagium » [12]) das hier eine Gebühr für den Verkauf an Sonntagen bezeichnet; [13]) und sichert alsdann den Fleischern das später (S. 37) zu erörternde Vorrecht des H a u b a n. —

Genauere Angaben über die Organisation des Handwerks um die Wende des zwölften Jahrhunderts können wir indes dem Privileg entnehmen, das Philipp August im Jahre 1204 der Weberzunft von Etampes verlieh und das für unsern Gegenstand besonders wertvolle Angaben enthält. [14]) Die Urkunde giebt uns in 6 Artikeln das Bild einer vollständig organisierten Zunft und ihrer Verwaltung.

Art. 1 befreit die Weber von Auflage und Schatzung, sowie von grundherrlichen Abgaben für ihren Gewerbebetrieb; dagegen bleiben sie schuldig, den Waarenzoll (teloneum, s.

Philippe-Auguste, (a. a. O. Einleitung S. 7). Das Statut selbst ist abgedruckt C. d. L. III S. 259.
[12]) Stallagium ist nach Ducange Praestatio pro stallis seu jure ea habendi in fores, mercatis et nundinis.
[13]) Ueber den Sonntagsverkauf vergl. S. 26.
[14]) C. d. L. XI S. 286.

S. 47) zu zahlen, auch dem König in Krieg und Fehde Bei-
hülfe zu leisten (in exercitu nostro et equitatione nostra;
gleichbedeutend mit der Pflicht zu « Ost et chevauchée »).
Art. 2 bestimmt, dass die Zunft als Entgeld für die
zugestandenen Befreiungen eine jährliche Abgabe von 20 livres
an den König zu entrichten habe.

Von der Einhaltung der richtigen Arbeitszeit handelt
Artikel 3.

Am bedeutsamsten für uns ist indes der Inhalt der Artikel 4, 5 und 6, in denen zum ersten Mal das Institut der
Zunftgeschworenen nach seinen wesentlichsten Aufgaben und Befugnissen dargestellt wird. Der grundlegende
Artikel 4 lautet:

Hi (textores) vero ad voluntatem suam eligent
et constituent quotiescunque voluerint quatuor de probis
ministerialibus illorum, per quos ipsi se justificabunt, et
emendabunt ea quae erunt emendanda.

Artikel 5 bestimmt die Eidesformel für die Geschworenen:
sie sollen dem König Treue geloben, und sollen schwören
des Königs Rechte zu bewahren. Artikel 6 bezeichnet nochmals ihren Amtskreis: sie sollen das Gewerbe überwachen
und auf gutes und ehrliches Handwerk halten.

Wir werden die Stellung der Geschworenen, die sich
im französischen Zunftwesen zu immer grösserer Bedeutung
entwickelt hat, späterhin im Zusammenhang schildern; hier
wollen wir nur auf ihr erstes Vorkommen in den Urkunden hinweisen und lediglich die betreffenden Bestimmungen
des Weberstatuts von Etampes hervorheben. Es sind dies
folgende:

Die Angelegenheiten der Weberzunft werden durch vier
Geschworene geführt. Diese beaufsichtigen das Handwerk
und überwachen den Betrieb; sie rügen die gewerblichen
Uebertretungen und verhängen die Strafen; sie erheben die
Strafgelder, die sie dem König, als dem Gerichtsherrn, unge-
teilt abliefern.[15]) Die Handwerker haben das wichtige Recht,
diese Behörde selbständig aus ihrer Mitte zu wählen, einzu-
setzen und zu erneuern.

---

[15]) Vgl. hierzu S. 36 und 72 dieser Studie.

Es ist ein reiches Maass selbstverwaltender Befugnisse, das der König hier einer Zunft verleiht; die prinzipielle Bedeutung zeigt sich wenn wir dies Privileg mit der Urkunde vergleichen, durch die, vier Jahrzehnte zuvor, Ludwig VII. das Meisteramt über fünf Gewerke gleich einem Zoll oder einem Zinse vergab. — Ausser den vorgenannten sind uns noch zwei weitere Statuten von Philipp-August überliefert: eines vom Jahre 1217 für die Bäcker von Pontoise [16]) und eines vom Jahre 1220 für die Fleischer von Orleans. [17])

Der Bäckerzunft wird bestätigt, dass keiner in Pontoise Brod backen darf, nisi qui sit legitimus Bolengerius et qui propria manu sciat fecere panem album et bisum. Dafür verpflichten sich die Meister zur Zahlung von 10 sols jährlich. Die Fleischer von Orleans übernehmen einen Zins von 76 Livres für ihre 40 Fleischbänke; das ist für jeden Meister 38 solidi. Aus beiden Statuten haben wir nichts von Belang hervorzuheben. —

Aus der Regierungszeit Philipp-August's sind uns keine weiterern Aufzeichnungen über die gewerblichen Privilegien, die er erteilt hat, erhalten geblieben; ebenso wenig besitzen wir solche von seinem Thronfolger Ludwig VIII., noch aus der ersten Regierungsperiode Ludwig IX. Während eines Zeitraums von etwa 50 Jahren haben wir keine Urkunden auf unserm Gebiete zu verzeichnen.

Allerdings überliefert uns Depping in seiner Ausgabe des Livre des Métiers (S. 397) eine Ordonnanz für das Walkergewerbe, für deren Entstehung er das Jahr 1256 oder 1257 annimmt. Es wäre dies wie Depping sagt, « la seule que nous possédions sur les arts et métiers de Paris du temps antérieur à la prévoté d'Etienne Boileau; par cette raison c'est un document précieux.» Wir können indes nachweisen, dass die Ordonnanz n a c h der Amtszeit Boileau's abgefasst ist, und dass nur eine im Text reproducierte Einschaltung (Zwischensatz) einer früheren Zeit entstammt.

---

[16]) C. d L. Bd. XI S. 308.
[17]) C. d. L. Bd. XI S. 310.

Die Ordonnanz selbst trägt das Datum des Jahres 1256;
die darin aufgenommene Einschaltung (die sich als eine Re-
production älterer Bestimmungen erweist) ist dagegen vom
Jahre 1257 datirt. Depping nimmt nun an, dass beide Daten
gleich lauten müssten, car autrement la continuation de
l'Ordonnance serait plus ancienne que le commencement.
Diese Annahme trifft indess nicht zu. Durch eine Prüfung
des Wortlautes der Ordonnanz werden wir im Nachfolgenden
zeigen, dass das Datum der eingeschalteten Stelle — d. h.
1257 — richtig ist; dass dagegen das Hauptdatum nicht
1256, sondern 1276 zu lesen, und dass das letztere Jahr für
die Entstehung der Ordonnanz anzusetzen ist.

Die Ordonnanz beginnt mit den Worten:

A tous ceulx qui ces lettres verront Eudes le Roux et
Hervé d'Yerre, garde de la prevosté de Paris, salut.

Aus diesen einleitenden Worten können wir nun die
genaue Zeit, in welcher die Ordonnanz ergangen ist feststellen.

Zunächst beweist der Ausdruck «Garde de la Prevosté»
dass die Ordonnanz nicht vor, sondern nach der Amtszeit
Etienne Boileau's ergangen sein muss   Denn in früherer
Zeit hiessen die Inhaber der Pariser Präpositur stets schlechtweg Prevosts; erst mit der einschneidenden Reform Ludwigs IX.,
von der wir weiter unten genauer handeln werden, wurde
die Pariser Präpositur en garde (d. h. zur Verwaltung, Ver-
wesung) vergeben [1]), der erste Garde de la Prevosté aber
ist Etienne Boileau gewesen; vor ihm hat kein Beamter
diesen Titel geführt, so dass schon diese Titulatur der frag-
lichen Ordonnanz eine spätere Entstehungsperiode anweist.

Alsdann können wir aber noch die Amtszeit der oben-
genannten beiden « Gardes de la Provosté », und damit das
richtige Datum unseres Schriftstückes genau ermitteln. In
dem Usage des fiefs (Bd. I, S. 486) überliefert uns Brussel
die Namen und die Amtszeit einer Reihe von Pariser Prévosts-
Baillis des dreizehnten Jahrhunderts. Wir finden darnach,

---

[1]) Vgl. Encyclopédie Méthodique Jurésprudence Bd. VI. S. 742.

dass die vorgenannten Eudes le Roux und Hervé d'Yerre
im Jahre 1277 die Präpositur inne hatten.

Aus dieser Beweisführung ergiebt sich nun: 1. dass die
Ordonnanz n a c h der Amtsführung Boileau's und 2. dass sie
erst im Jahre 1276 oder 1277 entstanden ist.[19] —

Wir nähern uns jetzt der Zeit, in welcher das livre des
métiers entstand, dies ehrwürdige Denkmal der Verwaltungs-
geschichte, dessen Studium den, der es je begonnen hat,
stets von Neuem fesselt.

Um zur Besprechung dieses Werkes überzuleiten, gebe
ich zunächst eine kurze Schilderung der politischen Zustände
der Stadt Paris und der königlichen Verwaltung, wie sie vom
Beginn bis zur Mitte des dreizehnten Jahrhunderts sich ge-
staltet hatte.

Die Stadt Paris war ein königlicher Amtsbezirk; sie
gehörte zu den Kronlanden und wurde unmittelbar durch
königliche Beamte verwaltet.

An der Spitze eines jeden königlichen Amtsbezirkes
steht zu jener Zeit ein Bailli und ein Prêvôt.

Zu den Befugnissen des Bailli gehört die hohe Gerichtsbarkeit und die Vereinnahmung der aus ihr fliessenden Einkünfte; dem Prévôt dagegen ist die niedere Gerichtsbarkeit
und die Polizei mit den dazu gehörenden Einnahmen übertragen.

Zu den Einnahmen der Baillie zählen demnach die Einkünfte aus der bürgerlichen und Strafrechtspflege, alle lehenmässigen Gefälle, ferner die mit der Jurisdiction verbundenen
einträglichen Rechte auf herrenlose Güter, Beschlagnahmen,
Verlassenschaften von Ausländern und dgl. Die vielgestalteten
Einkünfte der Prévôté greifen dagegen in alle Vorgänge des
täglichen Lebens ein; zu ihnen gehören vor Allem die Bann-
und Marktgerechtigkeiten mit den zahllosen hieraus ent-

---

[19]) Solche Datierungfehler sind in den Urkunden nicht selten. Auch
die Annahme S a v a r y's im Dictionnaire du Commerce (Bd. II, S. 167)
« das Tuchergewerbe habe schon von Philippe-Auguste im Jahre 1188
sein erstes Statut erhalten » beruht auf einem solchen Versehen. Die
betr. Ordonanz ist abgedruckt in der C. d. L. Bd. III, S. 582; statt 1188
ist 1308 oder 1300 zu lesen.

springenden Abgaben, Gebühren und Geldbussen. Die Erhebung der prevotalen Einkünfte wurde an den Prévôt selbst in Pacht gegeben; die Einnahmen der Baillie dagegen wurden nicht verpachtet. [20]) Dass die Pachtung der Prevotalgefälle durch den Prevot selber zu Missbräuchen führen werde, war vorauszusehen; König Philipp-August glaubte indes, ihnen durch Beaufsichtigung vorbeugen zu können. In der Ordonnanz von 1190 (dem sog. « Testament ») verordnete er, es sollten in jeder Prévôté vier rechtliche Männer ernannt werden, ohne deren Rat der Prévôt kein Rechtsgeschäft vornehmen dürfe. [21]) Dem System der Eigenpacht war indes die schädliche Richtung so sehr von Natur aus vorgeschrieben, dass sich die spätere Entwicklung durch eine solche, tatsächlich unwirksame, Ueberwachung in keiner Weise aufhalten liess.

In Paris waren nun die Befugnisse des Bailli und des Prévôt in ein und derselben Hand vereinigt; der Prévôt du Roi [22]), der hier einen höheren Rang genoss, nahm zugleich die Amtsgeschäfte des Bailli wahr. Dieser Prévôt-Bailli hielt, wie dies den bestehenden Einrichtungen entsprach, die prevotalen Einkünfte seines Bezirks in Eigenpacht, und die gesamte Amtsführung mit ihrem zu jener Zeit noch völlig unentwickelten Organismus kann somit unter das Interesse des Geldgewinns.

---

[20]) Vgl. hierüber hauptsächlich B r ü s s e l a. a. O. Buch II, Kap-33 bis 35 S. 421 ff. Kürzer bei Warnkönig-Stein, französ. Staats- und Rechtsgeschichte, Basel 1845, Bd. I 334 ff, und Encycl. Méthod. Jurisprudence s. v. Bailli uzd Prévôt. Der für die Beurteilung der Verwaltungsreformen unter Ludwig IX. wichtige Umstand, dass die Baillies n i c h t verpachtet waren, ist besonders von Brüssel hervorgehoben. Uebereinstimmend hi rmit Ducange s. v. Praepositus « Tametsi constet de Praepositurarum venditione, nihil tamen ejusmodi occurrit de Ballivis quae nusquam pretio distractae leguntur nisi postquam officia omnia in Francia venalia extitere. »

[21]) Inprimis igitur praecipimus, ut baillivi nostri per singulos praepositos, in potestatibus nostris, ponant quatuor homines prudentes, legitimos et boni testimonii, sine quorum, vel duorum ex eis ad minus. consilio, negotia villae non tractentur ; excepto quod Parisius sex homines probos et legitimos constituimus. I s a m b. I, 179.

[22]) nicht zu verwechseln mit dem S. 7 erwähnten Prévôt des Marchands.

Die Corruption breitete sich, durch die Zeitläufte begünstigt, in der Verwaltung aus; während der langen Ab-
wesenheit Ludwig IX. auf seinem ersten Kreuzzuge gerieth
das Pariser Amtswesen immer mehr in Verfall. Es ist ein Bild
schlimmster Entartung, das die Geschichtsschreibung jener
Tage uns von den damaligen Zuständen überliefert hat.
Recht und Gesetz waren käuflich, Leben und Eigentum von
jeder Gewalttat bedroht.

Nach seiner Rückkehr aus dem heiligen Lande schritt
König Ludwig zur Ausrottung dieses Unwesens. Die Reform,
bald nach 1254 durchgeführt, war eine zwiefache: die Finanz-
pacht der Prévôté wurde von der Person des Prevots getrennt; und in das Amt des Prevots selbst berief der König
einen Mann, dessen unerschüttliche Rechtlichkeit feststand;
es war Etienne Boileau.

Was Boileau für die allgemeine Verwaltung von Paris
gethan; wie er Recht und Gericht wieder hergestellt, Ver-
trauen und Sicherheit zurückgeführt hat, das haben seine
Zeitgenossen in treuen Schilderungen aufgezeichnet. Das
Bild des Pariser Prevots tritt in allen ihren Schriften hervor. [23]) Vor allem aber mit der Geschichte des Pariser Gewerbes hat Etienne Boileau seinen Namen für immer verknüpft durch die Abfassung des Livre des Métiers, des Registers,
in dem er die Statuten der Zünfte, und ihre Rechte und Pflichten, niederschreiben liess.

Die That Boileau's ist wechselsweise bald zu hoch und
bald zu niedrig angeschlagen worden; einmal wurde gesagt,
er habe als der erste den Pariser Zünften Satzungen gegeben;
das andere Mal, er habe nichts gethan, als die bereits vor-
handenen Statuten in ein Buch schreiben lassen. Beides
ist nicht zutreffend. Den Wert der Schaffung des Livre des
Métiers müssen wir nach dem damaligen Rechtszustande be-
urteilen. —

Der ständisch organisierte Staat kannte keine allgemeinen staatsbürgerlichen Rechte. Der Weg, auf dem der
Hörige des zwölften Jahrhunderts zur Freilassung gelangte;

---

[23]) Vgl. die Zusammenstellung jener Zeugnisse bei Lespinasse und
Bonnardot a. a. O. Einleitung S. 10.

das Mittel, durch das die Stadtgemeinde jener Zeit ihr eigenes
Recht erhielt, war stets die lex specialis, das Privileg. Nur durch
das Privileg konnte sich der Hintersasse über die Herrschaft
des grundherrlichen Rechtes erheben, nur durch das Privileg
konnte die städtische Schutzgilde ihre Anerkennung und ihre
Verfassung empfangen. Jede Rechtsbesserung, jeder Zu-
sammenschluss, jede Organisation beruhte damals, und noch
für lange Zeit, auf dem Sondergesetz, dem Privileg. Erst
mit dem sechszehnten Jahrhundert, mit dem völligen Durch-
bruch des Absolutismus, verliert das Privileg seinen Charakter
der Rechtsg r u n d l a g e, der Charte, es wird zur Rechts a u s-
n a h m e, zur Lastenbefreiung, zum Vorrecht.

Im dreizehnten Jahrhundert hatte dagegen das aufge-
zeichnete und gültig bestätigte Sonderrecht noch seine erste,
ursprüngliche Bedeutung. Es bildete den Gegensatz zu der
Willkür und Bedrückung, die den Hintersassen bei seiner
Arbeit, seinem Erwerb, seinem Besitztum heimsuchte; den
Gegensatz zu unbilliger oder verweigerter Rechtspflege, zu
ungemessenen Strafen und Bussen; und vor Allem den
Gegensatz zu jenem Zustande der Schwäche und Abhängigkeit, der die Masse der Bevölkerung unter der Gewalt ihrer
Herren niederhielt, und der nur durch Gewährung des Zusammenschlusses zu Corporationen und Verbänden überwun-
den werden konnte.

Wohl haben wir gesehen, dass Vorschriften über das
Handwerk schon lange bestanden; und dass Philipp-August
den Handwerkern gewisse Rechte, einzelnen unter ihnen selbst
Organisationen verlieh. Doch wir haben auch gesehe:, dass
diese vereinzelten Rechte und Bestimmungen dem gesamten
Handwerkerstande keinen Schutz gewährten. Es fehlte die
allgemeine Verfassung, das anerkannte, in den Rechtsformen
jener Zeit bestätigte Grundgesetz.

Hier tritt nun Boileau's Tätigkeit ein. Boileau hat ge-
nau das gethan, was er gegenüber den zuvor geschilderten
Zuständen der Verwahrlosung thun musste: an Stelle der
Willkür setzte er die abgemessene Pflicht; an Stelle einzelner
Rechte die allgemeine Organisation; an Stelle der Ueber-
lieferung das klare Gesetz, das er, Prévôt von Paris, alle

und Jeden gleichmässig bindend, kraft seines Amtes bestätigte und rechtskräftig verkündete [²¹]).
Charte, Zunftstatut und Rechtsbuch zugleich war das Livre des Métiers für das Pariser Handwerk. Dies dreifache Ziel gibt Boileau selbst seinem Werke in dem kurzen Vorwort, mit dem er es einleitet, und in dem jeder Ausdruck das Gepräge eines festen, rechtschaffenen Willens trägt. — Boileau hatte sich vorgesetzt sein Werk in drei Theilen abzufassen; der erste Theil sollte die Zunftstatuten, der zweite die Abgaben und Gebühren des Waaren- und Marktverkehrs, der dritte die Gerichtsbarkeit behandeln. Nur die beiden ersten Theile sind uns erhalten [²⁵]). Als die Zeit, zu der die Niederschrift begonnen wurde, wird allgemein das Jahr 1268 angesetzt.

Der erste Theil beginnt mit der von Boileau verfassten Einleitung. Es folgen die Statuten von 100 Zünften, nach der Depping'schen Ausgabe, resp. 101 nach Lespinasse und Bonnardot [²⁶]).

Der zweite Theil umfasst 31 Titel in beiden Ausgaben.

Ueber die bei der Niederschrift beobachteten äusseren Formen ist zu bemerken, dass jede Zunft einzeln und für sich vor Boileau erschien und über ihre Rechte und Handwerksgebräuche die erforderlichen Angaben machte. Die vereinbarten Statuten wurden alsdann niedergeschrieben. Die Fassung der einzelnen Statuten zeigt eine gleichmässige, klare Formulirung.

Nicht alle damals in Paris bestehenden Zünfte liessen sich in das Register eintragen; vor allem fehlt die Fleischerzunft, die, wie Seite 9 erwähnt, schon ihre eigene Charte erlangt hatte.

Von der Registrirung sind ferner ausgenommen die Handwerker und Zünfte, die auf nicht-königlichen Grund-

---

[²¹]) Diese Verkündigung wird in dem letzten Absatz der Einleitung des Livre des métiers ausdrücklich hervorgehoben.

[²⁵]) Es ist wahrscheinlich, dass auch der dritte Teil, zum wenigsten im Entwurf und in den Vorarbeiten, zu Stande gekommen ist. Vgl. Depping, Einleitung S. 82.

[²⁶]) Lespinasse und Bonnardot haben das Statut das Cyrurgiens unter No. 96 aufgenommen, das bei Depping fehle; über die Gründe vgl. Lespinasse und Bonnardot Text, S. 208.

herrschaften ansässig waren. Die Pariser Stadtmauer umschloss, insbesondere seit der Stadterweiterung unter Philipp-August, eine Anzahl geistlicher und ritterschaftlicher Immunitäten, innerhalb deren die betreffenden Grundherrn die Jurisdiction hatten [17]. Diese grundherrlichen Bezirke schwanden allmählig, theils durch Ankauf seitens der Könige, theils dadurch, dass die herrschaftlichen Unterthanen dieser Bezirke es vortheilhafter fanden, sich in die Bürgerschaft des Königs (bourgeoisie du Roi) aufnehmen zu lassen.

Im dreizehnten Jahrhundert waren diese Bezirke indess noch in erheblicher Zahl vorhanden; unter ihnen ragten die geistlichen Herrschaften durch Bedeutung und Umfang hervor, insbesondere das Capitel von Notre Dame. Dieser Umstand mag auch die Veranlassung sein, dass einzelne Gewerbe, die zu jener Zeit jedenfalls betrieben wurden, nicht im Livre des métiers verzeichnet stehen. Beispielsweise möchte ich das Fehlen der Wachslichtzieher (vgl. Depping S. 161) hierauf zurückführen. Diese Zunft hatte sich wahrscheinlich, wie es ihrem Gewerbebetrieb entsprach, in unmittelbarer Nähe der Kirchen niedergelassen.

Ich gehe nunmehr dazu über, die rechtliche Stellung der Pariser Zünfte, wie sie sich im Livre des Métiers, das ist gegen das Jahr 1270, zeigt, darzustellen. Es liegt nicht in der Aufgabe dieser Studie, einen Auszug aus den einzelnen Bestimmungen des Livre des Métiers zu bieten [18]; ich werde im Gegentheil versuchen, nur die gemeinsamen Grundlagen des Handwerks zu ermitteln und sie in der folgenden Darlegung zusammenzufassen.

Nach ihren Rechtsverhältnissen lassen sich die Zünfte in zwei Gruppen scheiden; es sind dies:

I. Zünfte, die einem Herrn oder einem Amte untergeordnet waren.
II. Zünfte, die unmittelbar unter dem König standen.

[17] Vgl. G u é r a r d, Einleitung zu seiner Ausgabe des Cartulaire de Notre Dame de Paris, Paris 1854, S. 86, 126 und mehrfach passim.
[18] Dies ist durch Depping, und in besonders übersichtlicher Weise durch Lespinesse und Bonnardot in deren Einleitungen zu den betreffenden Ausgaben des Livre des métiers geschehen, auf die ich hiermit verweise.

I.

In der ersten Gruppe zeigt sich uns die Fortdauer des alten, aber wesentlich ungeformten Hofrechts, das die Handwerker, als Hörige, einem Magister unterstellte. Wir finden hier das Magisterium wieder, wie wir es bei der Urkunde Ludwig VII S. 8 besprachen, in seiner letzten Form. Die Herren, die ein solches Meisteramt eigenthümlich besassen, waren von verschiedener Art, und es sind hier drei Unterabtheilungen zu machen:

A. Bei einigen Zunftherrn lässt sich der Besitz historisch erklären; sie waren Inhaber von Hofämtern, die ursprünglich als Vorgesetzte der Handwerker gelten können. So waren verliehen:

1. Dem Haushofmeister des Königs (Grand Pannetier) das Bäckergewerbe [29]).

2. Dem Hofmarschall (Maréchal du Roy) das Schmiede-[30]) und Schlossergewerbe [31]).

3. Dem Grosskämmerer (Chambrier) die Kleiderhändler [32]), ein Antheil an den Handschuhmachern [33]); ferner gemeinsam mit dem Grosskammerherrn (Chambellan) die Korduwaner [34]) und die Schuster [35]).

4. Dem Kammerherrn und dem Connetabel gemeinsam die Sattler [36]).

5. Den königlichen Stallmeistern die kleine Zunft der Altflicker [37]).

Die Inhaber dieser Meisterämter empfingen, mit Ausnahme des Haushofmeisters, eine bei Beginn des Gewerbebetriebes zu entrichtende Abgabe, den Achat du Métier, von dem später die Rede sein wird.

Einige andere Zünfte standen unter einem Hofbediensteten, der vermöge seiner eigenen Thätigkeit bei Hofe zu der Zunft gehörte und als der vornehmste unter seinen Genossen gelten konnte. So standen

---

[29]) Tit. 1. Art. 21 (im Nachfolgenden ist, wo nicht besondere bemerkt stets nach dem Text der Ausgabe von Lespinasse und Bonnardot citiert.) Vgl. zu dem Folgenden auch Warnkönig a. a. O. Bd. Bd. I, S. S. 212 ff.
[30]) Tit. 15 Art. 1. [31]) Tit 18 Art. 1. [32]) Tit. 76 Art. 1. [33]) Tit. 88 Art. 1. [34]) Tit. 84 Art. 1. [35]) Tit. 85 Art. 1. [36]) Tit. 78 Art. 1. [37]) Tit. 86 Art. 1.

1. die Zimmerleute unter dem Zimmermann des Königs [38]),

2. die Maurer und Steinmetzen unter dem Maurermeister des Königs [39]),

3. kein eigentliches Meisteramt, aber gewisse polizeiliche Rechte hatte der Oberhofkoch (Queux le Roy) über die Fischer und Fischhändler [40]).

B. Eine besondere Stellung nimmt das Müllergewerbe ein; ihm ist der Titel II, «des Meuniers de Grant-Pont» gewidmet.

Die Müller betrieben ihr Gewerbe auf Schiffsmühlen, die am Grant-Pont befestigt waren, und die zu der Grundherrschaft des Capitels von Notre-Dame gehörten [41]). Unter normalen Umständen hätten nun die Müller in der Jurisdiction ihres Grundherrn stehen müssen, und Artikel 6 des Statuts erwähnt in der That den «Serjant», der vom Capitel zur Aufsicht über das Gewerbe bestellt ist (qui est garde des Meniers de Grant-pont de par le chapitre Nostre Dame de Paris.). Artikel 9 spricht dagegen deutlich aus, dass die Getreidemüller Königsbürger (Bourgeois du Roi) sind. Der Artikel lautet :

«Li Meunier de Grant-pont doivent le guet et les autres redevances que li autre borgois de Paris doivent au Roy.»

Wir haben also hier im Kleinen ein Beispiel der vollständigen Verschiebungen, welche die Verleihung der Bourgeoisies du Roi seit dem zwölften Jahrhundert hervorbrachten. Der Bourgeois du Roi trat unter die Jurisdiction des Königs, auch wenn er auf der Herrschaft eines anderen Grundherrn

---

[38]) Tit. 47 Art. 1. [39]) Tit. 48 Art 4 und 6.

[40]) Die Rechte bezogen sich auf die Ernennung von Meistern. Tit. 100, Art 15, auf die Netzfischerei Tit. 99, Art. 5 und auf die Marktpolizei, Tit. 100, Art. 12.

[41]) Das Cartulaire de Notre Dame de Paris, Bd. III, S. 360 nennt unter den Bezirken, in denen das Kapitel die hohe, mittlere und niedere Gerichtsbarkeit hatte, tous les molins de Grant pont d'un coste et d'autre.

ansässig blieb [12]). So hatten sich auch die Getreidemüller in die Königs-Bürgerschaft begeben, und sie waren demnach nur wegen ihres Gewerbebetriebs, wegen der Mühlen- und Wassernutzung, vom Domcapitel abhängig.

C. Drei Zünfte endlich standen unter dem Vorsteher der Kaufmannschaft und den Geschworenen der Kaufmannsgilde (sous le Prevost des Marcheans et les jurés de la confrairie); nämlich die Ausrufer, die Kornmesser und die Aichmeister (Crieurs, Mesureurs de blé & Jaugeurs). Die Kaufmannsgilde befand sich schon seit Philipp August's Zeiten im Besitz dieser Zünfte [13]). Die Kornmesser und Aichmeister handhabten das Mess- und Aichwesen, das der Gilde übertragen war (s. oben S. 6). Die Zunft der Ausrufer aber war gewiss eine der merkwürdigsten; denn sie diente ebenso sehr der öffentlichen Reclame wie der städtischen Accise.

Die ursprüngliche Thätigkeit der Ausrufer bestand darin, zweimal des Tags an den Strassenkreuzungen den Wein einer bestimmten Wirthschaft auszurufen und den Vorübergehenden aus einer mitgeführten Kanne Proben zu verabreichen. Zugleich mit dem Besitz dieser Zunft hatte indess die Kaufmannsgilde auch das Recht erworben, eine Abgabe vom Weinverbrauch zu erheben. Hieraus ergab sich denn die geschickte Combination, dass jede Taverne zwangsweise einen zünftigen Ausrufer annehmen und täglich mit vier Denaren besolden musste; während andererseits diese amtlichen Geschäftsgehilfen verpflichtet waren, Zahl und Mass der angestochenen Weinfässer zum Zweck der Steuererhebung ihrem Zunftherrn, dem Prévot des Marchands anzuzeigen [14]). —

---

[12]) Vgl. die Vorrede des Bandes XII der C. d. L. (Villevault und Bréquigny).

[13]) Ueber die Bedeutung der Uebertragung dieser Zünfte durch Philipp August, vgl. insbesondere Leroy a. a. O. S. 70 ff. Allerdings blieb der König nach wie vor Maass- und Münzherr von Paris; die Uebertragung an die Kaufmannsgilde erstreckte sich nur auf die drei Zünfte, die mit den entsprechenden Funktionen betraut waren.

[14]) Vgl. die Einleitungen von Depping S. 61 ff, Lespinasse und Bonnardot S. 28 ff, und Felibien, pièces Jnstificatives.

Hiermit schliesst die Gruppe der Zünfte, die einem Herrn
untergeordnet waren. Die Merkmale der Herrschaft zeigen
sich in der Gerichtsbarkeit, in den Abgaben und in der Verwaltung der Zunft.

Die Zunftherren [15]) hatten die Gerichtsbarkeit in Zunft-
sachen, sowie in Vergehen und Uebertretungen, wenn die
angedrohte Geldstrafe einen gewissen Betrag, den die
Statuten im einzelnen festsetzten, nicht überschritt. Die Herren
aus den oberen Hofchargen übten die Gerichtsbarkeit meist
nicht selbst aus, sondern durch einen Vertreter, der dann
die Einnahmen, Sporteln und Geldbussen abliefern musste.
Neben der Gebühr, die bei einigen Zünften von den neu
eintretenden Meistern zu entrichten war (s. oben S. 20)
finden .wir mitunter noch ständige Abgaben; so zahlen die
Schmiede einen jährlichen Zins von sechs Denaren an den
Marschall [16]), die Ausrufer täglich einen Denar an die Kaufmannsgilde [17]). Schliesslich wurde bei den eigenen Zünften
das Amt der Aufseher oder Geschworenen (Gardes oder
Jurés) zumeist durch die Zunftherren, ohne jede Mitwirkung
der Handwerksmeister, besetzt; ausgenommen hiervon sind
die Schlosser und die Sattler, die sich ihre Geschworenen
selber geben, und die Handschuhmacher, bei denen sie der
königliche Prevot ernennt. Ich werde indess die Einrichtung
der Zunftgeschworenen hier nicht getrennt, sondern im
nächsten Abschnitt im Zusammenhang besprechen.

Fassen wir die voraufgehenden Darlegungen zusammen,
so erscheint bei diesen e i g e n e n Z ü n f t e n die äussere
Stellung einigermassen herabgedrückt; die Abgaben waren
hier höher und vielfältiger; die Rechtspflege musste eine
schwerfälligere und kostspieligere sein. Es sind die letzten
Spuren des erlöschenden Magisteriums. Seine innere Bedeutung hat es hier schon völlig verloren, und auch die
äusseren Abstände sind nicht mehr so gross, dass sie sich
nicht in der Folgezeit mehr und mehr verwischen konnten.

---

[15]) Grands maitres nennt sie Lespinasse. Vgl. a. a. O. S. 147 und 97
[16]) Tit. 15, Art. 3.   [17]) Tit. 5, Art. 3.

II.

Die z w e i t e Gruppe, die unmittelbar unter der Jurisdiction des Königs stand, überragt ebensosehr durch die Zahl
der hierher gehörigen Zünfte, als durch deren Bedeutung und
Ansehen, die zuvor geschilderte erste Gruppe. Von den
101 Zünften des Livre des métiers stehen 84 ohne jedes
Mittel unter königlicher Jurisdiction; im übrigen gehörten die
vornehmen Gewerbe, wie Goldschmiede, Schwerdtfeger,
Waffenschmiede, Bildhauer u. a. durchweg zu den freien
Zünften, die unter keinem Magisterium mehr standen.

Für unsere Besprechung bietet sich hier an erster Stelle
das wichtige Institut der G e w e r b e a u f s e h e r, das uns im
Weberstatut von Etampes erstmalig entgegentrat, und das
wir hier vollständig und allgemein ausgebildet finden.

Wir haben zuvor schon gesehen, dass mit der Aufhebung der Unfreiheit der Handwerker sich das Magisterium
keineswegs zeitgemäss fortgebildet hat. Vielmehr ist das
Meisteramt des dreizehnten Jahrhunderts lediglich eine Ein-
kommensquelle, ein einträglicher Besitz; die Zunftherrn üben
kaum noch die Gerichtsbarkeit in Person aus, geschweige
denn, dass sie sich um die innere Geschäftsführung kümmern.
Mit Nothwendigkeit musste sich demnach aus dem Innern
der Zunft heraus eine Neubildung entwickeln, die an die
Stelle der nominellen Vorsteherschaft eine thatsächliche setzte
und damit, auf lange Zeit hinaus, eine sichere Grundlage
für die Selbstverwaltung des Handwerks schuf.

Zur Einhaltung der überlieferten Handwerksbräuche und
der geschriebenen Statuten; zur Ausführung der obrigkeit-
lichen und polizeilichen Vorschriften; zur Ueberwachung des
gesammten Gewerbebetriebes bedurfte jede Zunft einer anerkannten Instanz, die mit Autorität ebenso gegenüber dem
Stadtherrn (Landesherrn), wie gegenüber den Zunftgenossen
ausgestattet war. Als solche finden wir im Livre des métiers
allgemein die Z u n f t g e s c h w o r e n e n (Jurés) oder Aufseher
(Gardes).

Die Zunftgeschworenen bildeten bereits zur Zeit des
Livre des métiers das Rückgrat der zünftlerischen Verwaltung,
und schon aus diesem Grunde allein hätten wir ihnen eine
eingehendere Besprechung zu widmen. Die späteren Zeiten

haben indess diese Einrichtung noch immer mehr entwickelt und ihr neue Befugnisse zugelegt. Das fünfzehnte Jahrhundert vollends betrachtete die Geschworenen so sehr als die Grundlage des zünftlerischen Betriebs, dass nur das Métier juré als vollständig organisirt galt. Diese unausgesetzt wachsende Bedeutung der Jurande rechtfertigt es, dass wir sie hier, wo wir sie zuerst als allgemeine Zunfteinrichtung vorfinden, genauer schildern.

Zunächst verdient unsre Aufmerksamkeit die Art und Weise, in welcher das Amt der Geschworenen in jener frühesten Zeit besetzt wurde. Die Bestimmungen der einzelnen Statuten lauten hier nicht gleichmässig.

Nicht weniger als fünfzehn Zünfte legen in ihren Statuten nieder, dass ihnen das Wahlrecht ihrer Zunftgeschworenen zustehe [48]). In ihrer selbstbewussten Sprache beginnen die Goldschmiede den 9. Artikel ihres Statuts mit der festen Erklärung:

Et est à savoir que li preud'ome [49]) du mestier elisent II preudeshomes ou III pour garder le mestier.

Das gleiche sagen die Gürtler. Bei den Krämern heisst es, dass ihre Geschworenen gewählt werden du commun du mestier; bei den Sattlern heisst es par le commun assentement de tous ou de la greigneur [50]) partie.

Ein Beispiel einträchtiger Verwaltung geben die Walker; ihre Vorsteherschaft bestand je zur Hälfte aus Meistern und Gesellen. Die vier Zunftgeschworenen versahen ihr Amt sechs Monate lang; dann bezeichneten die abgehenden Meister zwei Gesellen zur Nachfolge, und die abgehenden Gesellen zwei Meister [51]).

Bei wenigen Zünften lautet die Formel, dass sie überein gekommen sind (se sont assenti), dass der Prevot ihren Zunftvorstand ernenne [52]).

[48]) Orfèvres, Batteurs d'archal, Boucliers d'arähal. Patenotriers d'or Patenotriers de corail, Fermaillers, Foulons, Espingliers, Etuveuts, Merciers, Courroyers, Chapeliers de fleur, Foureurs de chapeaux, und die eingeuen Zünfte der Selliers und Serruriers.

[49]) So nennen sich die selbständigen Handwerksmeister (s. S. 20).

[50]) d. h. plus grande. [51]) Tit. 53, Art. 18. [52]) Boitiers, Corduaniers, Liniers.

Andere wieder «ersuchen» um ihre Einsetzung mit den Worten:

Li preud'ome du mestier des Chandeliers de suif de Paris vos requirent, sir prevos de Paris, que IV preud'omes que il vos nomeront facent serment etc. [53]).

Nur bei 28 Zünften [54]) erscheint nach den Statuten jede Mitwirkung der Zunftmitglieder bei der Wahl der Geschworenen ausgeschlossen, wenn wir streng nach den Wortlaut gehen; die Bestimmung lautet meist wörtlich übereinstimmend:

El mestier devant dit a (2) preudeshomes jurez et sermentez de par lou Roy que li prevoz de Paris met et oste a sa volonté.

Es ist indess nach dem vorhergesagten anzunehmen, dass auch in solchem Fall das Recht oder der Brauch der Präsentation bestand. Im Allgemeinen können wir das bestehende Verhältniss dahin präcisiren, dass die Zunft — wie wir es schon im Jahre 1204 fanden — sich ihre Geschworenen selber gab, und dass der königliche Prévôt das Recht hatte, sie bei unbefriedigender Amtsführung abzusetzen.

Wir kommen nunmehr zu den Befugnissen, die den Geschworenen zugetheilt waren und die zwei getrennte Gebiete umfassten: die Gewerbepolizei und die inneren Angelegenheiten der Zunft.

Für die Gewerbepolizei im weitesten Sinne besass das frühe Mittelalter kaum ein anderes Organ als die Vorsteher der Zünfte. Die Beamtenschaft des Königs war noch wenig zahlreich, und hauptsächlich nur zur Wahrung der Rechts- und Gerichtspflege und der Finanzen eingesetzt. Die Zunft empfing hierdurch eine breite und gesicherte Stellung im öffentlichen Recht, deren sie erst mit der Ausbildung des Polizeistaates allmählig verlustig ging. Dies eine Moment wird uns in der Entwicklung des Gewerberechts immer von Neuem entgegentreten; es ist von wesentlicher Bedeutung

---

[53]) Tit 44/12: ähnlich Cervoisiers, Potiers d'estain, Gaieiers, Boutoniers, Boursiers.

[54]) Ich sehe davon ab, die umständliche Nomenclatur hier wiederzugeben.

für das Emporsteigen, für die Ausbreitung und für den end-
lichen Verfall des Zunftwesens.

Die öffentlich-rechtliche Function der Geschworenen
ist schon im dreizehnten Jahrhundert eine sehr ausgedehnte.
Sie überwachten den gesammten Handwerksbetrieb in der
Werkstatt wie auf dem Markte, bei der Anfertigung wie
beim Verkauf. Der Käufer sollte jede Sicherheit gegen Ueber-
vortheilung finden, das Handwerk von aller Unredlichkeit
ferngehalten werden. Das Gewicht des Brodes, die Dauer-
haftigkeit der Tuche, die Beschaffenheit des Leders, stand
gleichmässig unter Aufsicht. Der Feingehalt des Goldgeräths
unterlag ebenso der Prüfung wie die Stärke des Leinengarns.
Schlechtes Gut wurde — je nach den Bestimmungen der
einzelnen Statuten — von den Geschworenen kurzer Hand
vernichtet; oder vor den Prévôt gebracht, damit er auf ihren
Antrag Beschlagnahme und Bestrafung ausspreche.

Ebenso lag es den Geschworenen ob, den inneren Betrieb des Handwerks und die Anfertigung der Waaren zu überwachen. Sie hatten darauf zu achten, dass die gewerblichen
Vorschriften und die Handwerksbräuche eingehalten und
dass keine unerlaubten oder betrüglichen Hantierungen vorgenommen wurden. Die Bestimmungen über den Betrieb,
über die Herstellung der Waaren und das zu verwendende
Material beruhten zu einem Theil auf schriftlicher Aufzeichnung, zum grösseren Theil jedoch in jener Zeit noch auf
der mündlichen Ueberlieferung, deren Träger wiederum die
geschworenen Handwerksmeister waren.

Die Schlichtung der Zunftstreitigkeiten und die Bei-
legung von Misshelligkeiten zwischen Meistern und Gesellen,
an denen es damals nicht fehlte, war gleichfalls ihre Sache.

Als Vorstand der Zunft hatten die Geschworenen endlich bei jedem Vorgang mitzuwirken, der einen amtlichen
oder autoritativen Charakter trug. Die Anzahl solcher Amts-
handlungen war gross, wie es dem genossenschaftlichen Geiste
der Zunft entsprach. Wir brauchen sie hier nicht im einzelnen
aufzuzählen, da die meisten dieser Functionen in der folgenden Darstellung an gehöriger Stelle zur Sprache kommen
werden.

Das Amt des Juré, in der späteren Zeit wegen der ihm allmählig zugelegten Vortheile sehr gesucht, war im dreizehnten Jahrhundert eine Last, die nur pflichtgemäss und auf begrenzte Zeit übernommen wurde. Die Arbeit und Beschwerde war gross, die Bezüge waren gering. Für ihre Mühewaltung wird den Geschworenen in einer Reihe vou Statuten ein Antheil[55]) an den Geldstrafen, auf die bei Uebertretungen erkannt wurde, zugesprochen. Wir finden auch schon die ersten, allerdings noch ganz vereinzelten Spuren der Aufnahmegebühr — der später zur stärksten Entwicklung gebrachen zünftlerischen Abgabe — zu Gunsten der Geschworenen[56]). In der Hauptsache ist jedoch ihr Amt in jener Zeit ein unbesoldetes Ehrenamt, und die wesentlichste damit verbundene Vergünstigung besteht in der Befreiung vom Wachtdienst (S. 54) während der Dauer der Amtszeit.

So ist das Amt der Geschworenen von Anbeginn ein wichtiges und hervorragendes Glied der gewerblichen Verwaltung gewesen; sein Geschäftskreis musste sich mit dem Vorschreiten der gewerblichen Entwicklung naturgemäss ausdehnen und erweitern. Der Stand des französischen Gewerberechts aber lässt sich in jeder Periode am besten beurtheilen an dem Rechtsverhältniss und an den Befugnissen der Jurande, des Amtes der Zunftgeschworenen. —

Wir haben nunmehr von der Stellung des Einzelnen Handwerksmeisters zu berichten, und zwar zunächst von den Bedingungen, unter denen die Zulassung des Meisters — des Preud'homme, wie man ihn damals nannte — zum Gewerbebetrieb erfolgte. Das Livre des Metiers kennt drei Vorbedingungen, die der zünftige Meister zu erfüllen hatte; zwei wurden allgemein, eine wurde nur in einzelnen Fällen gefordert. Es sind dies:

1. Absolvirung der vorgeschriebenen Lehrzeit.
2. Nachweis der Befähiguug, der Zuverlässigkeit und der erforderlichen Mittel.

---

[55]) s. S. 26.
[56] bei den Bràliers, Drapiers de soie und Boursiers Zu Gunsten der Bonfrérie findet sich die Aufnahmegebühr bei den Chanciers; ferner bei den Poisonniers d'eaue douce zum Unterhalt ihrer gemeinsamen Anlagen.

3. — für einzelne Gewerbe — der Gewerbekauf, der Achat du Métier. —

Wir beginnen, der übersichtlichen Behandlung wegen, mit der letztgenannten, n i c h t allgemein gültigen Bedingung.

Der A c h a t d u m é t i e r ist das Kaufgeld, das für e i n z e l n e Gewerbe bei der Betriebseröffnung gefordert wurde.

Zu Beginn eines jeden Zunftstatuts finden wir stets eine Bestimmung, die feststellt, ob das betreffende Gewerbe frei erhältlich ist, oder ob für die Ausübung ein Kaufgeld gezahlt werden muss. Im erstern Fall lautet der Artikel: » Quiconques veut estre — z. B. Tailleur de Robes — à Paris, estre le puet [57]) franchement, pour [58]) qu'il sache fere le mestier et il ait de coy» [59]).

Im zweiten Fall wird gesagt: «Nus ne puet estre — z. B. Toissarrans de lange [60]) — à Paris s'il n'achate le mestier du Roy (oder: de cil à qui le Roy l'a donné)».

Im Ganzen finden wir 24 (oder, mit Einrechnung der besonders organisirten Crieurs, 25) kaufpflichtige Gewerbe [61]), penen demnach 67 frei erhältliche gegenüber stehen.

Ein erkennbares System — etwa eine Unterscheidung nach eigenen und freien Zünften — tritt hierbei nicht hervor. Denn von den eigenen Zünften gehören nur neun hierher, und auch bei ihnen wird die Auflage des Kaufgeldes zunächst auf den König zurückgeführt und dann erst, durch königliche Verleihung, dem Zunftherrn zugeschrieben. [62])

Wir haben hier zunächst eine Bemerkung vorauszuschicken.

---

[57]) peut. [58]) pourvu. [59]) quoi. [60]) Tisserands de laine.

[61]) Es sind dies: (nach Lespinasse und Bonnardot, Einleitung S. 117,) Talemeliers, Regrattiers de pain, Regrattiers de légumes, Fèvres couteliers, Serruriers, Braliers de fil, Drapiers de soie, Plâtriers Tisserands, Bhauciers, Poulailliers, Potiers ee terre, Fripiers, Boursiers, Selliers, Baudroyers, Cordouaniers·, Savetoniers, Savetiers, Cantiers, Pècheurs, Poissonniers, d'eau douce et de mer.

[62]) z. B. Nus ne puet estre — z. B. Savatiers — à Paris se il n'3chate le mestier du Roy; et le vent cil qui y est establi de par les esquiers le Roy as quex l'a donné.

Es ist nicht richtig, beim Gewerbekauf, dem Achat du Métier, von einer Maîtrise vénale oder von einem Métier vénal zu sprechen. [63]) Die Meisterschaft war durchaus in keiner Weise käuflich; mit ihr steht das Kaufgeld in gar keinem Zusammenhang. Ueber die Fähigkeit und die Aufnahme eines neuen Meisters bestimmte ausschliesslich die Zunft; in dieser Hinsicht unterschied sich das kaufpflichtige Gewerbe in gar nichts von dem frei erhältlichen. Die Prüfung des Kandidaten, des neuen Preudhomme, war gänzlich Selbstverwaltungssache. Also nicht käuflich, sondern kaufpflichtig waren die Gewerbe, in denen der Achat du Métier gefordert wurde.

Diese Pflicht nun zur Zahlung eines Kaufgeldes wird von den Autoren zumeist als ein Ueberrest der früheren Abhängigkeit und Unfreiheit der Handwerker bezeichnet und erklärt. Die Abgabe zeigt indess keine Spur, die auf ein ehemaliges Leibeigenen - Verhältniss schliessen lässt; im Gegentheil, es fehlen gerade die einen solchen Ursprung charakterisirenden Merkmale.

Das sichere Moment, das dem Ursprung des Kaufgeldes aus der Unfreiheit widerspricht, ist: das das einmal gekaufte Gewerbe der Familie verblieb, dass es vererbt wurde. Die Wittwe trat ohne weiteres in den Besitztitel ihres verstorbenen Mannes, der Sohn empfing das Geschäft seines Vaters ohne jeden Kaufschilling. Hiermit erscheint jene Ableitung aus den Zeiten der Leibeigenschaft unvereinbar; denn der Unfreie hatte kein Erbrecht; er konnte weder vererben, noch erben, und selbst in den Zeiten des gemilderten Rechts war die Erbschaftsübertragung bei ihm keine unbedingte, sondern an bestimmte herrschaftliche Abgaben geknüpft. [64])

Der Gewerbeverkauf ist dagegen mit keiner solchen Belastung — von der wir hier, wie in andern Fällen, im dreizehnten Jahrhundert noch erkennbare Spuren finden müssten — behaftet. Die anerkannte, bedingungslose Vererbung des erworbenen Rechtstitels in der Familie verweist

[63]) wie bei Fagniez a. a. O. und Andern.
[64]) Vgl. Maurer, Fronhöfe Bd. II, S. 80 ff. Möser, patriotische Phantasien 2. Aufl. Berlin 1778 Bd. III, 347 ff. Eichhorn, deutsche Staats- und Rechtsgeschichte 5. Aufl. Göttingen 1843 Bd II, S. 682 f.

den Ursprung des Gewerbekaufs jenseits der Periode der Unfreiheit.

Schliesslich gab der Gewerbekauf — wie wir bereits zu Eingangs bemerkt haben — an sich durchaus noch kein Recht auf die Ausübung des Betriebes. Der neue Meister hatte in gewissen Gewerben ein Kaufgeld zu zahlen; über seine Zulassung zum Betrieb aber bestimmte allein die Zunft. Der Bewerber hatte sich hier wie in jedem andern Falle der Prüfung, von der weiter unten die Rede sein wird, zu unterwerfen. Ich hebe diesen, nach mehr als einer Richtung bedeutungsvollen Grundsatz hier noch besonders hervor; er findet sich ausdrücklich festgestellt im Statut der Wollweber [65]) und der Corduaner. [65])

Die Kaufpflicht hat nach alledem keinen persönlichen, sondern einen ausgesprochenen r e a l e n Charakter; und dem gemäss wäre sie vielleicht am ersten auf das Kaufgeld zurückzuführen, das der Handwerker für den E r w e r b e i n e r B e - t r i e b s s t ä t t e zu zahlen hatte.

Die Handwerker siedelten sich nicht nach Willkür an; sie nahmen die Plätze ein, die sich für ihren Betrieb eigneten: in der Nähe von Kirchen, unter Rathäusern, auf den Flussbrücken, an öffentlichen Plätzen. Für den Erwerb einer solchen Betriebsstätte musste dem Grundherrn ein Kaufgeld gezahlt werden, dass dann mit Recht die Bezeichnung Achat du Métier trägt.

Diese Deutung würde vielleicht auch den Umstand erklären, dass keineswegs alle, sondern nur ein ganz bestimmter Teil der Gewerbe kaufpflichtig war; und zwar, wie Lespinasse und Bonardot richtig bemerken: ceux qui s'achetaient étaient des métiers de consommation et d'objets de première nécessité. Es sind dies eben die ersten, in der Stadt und am frühesten betriebenen Gewerbe, denen der König als Grundherr eine Verkaufs- oder Betriebsstätte an geeigneter, ihm gehöriger Stelle anwies.

Das Kaufgeld war, als Abgabe betrachtet, keiner Entwicklung fähig; der hauptsächlichste Grund war die regelmässige Vererbung des Handwerks vom Vater auf den Sohn.

---

[65]) Tit. 50, Art 2. [66]) Tit. 84, Art. 10.

Der Achat du métier verfiel bereits im folgenden Jahrhundert; ein letztes Beispiel seines Vorkommens werden wir späterhin im Jahre 1484 zu berichten haben.

Wir kommen nunmehr zu den allgemeinen Erfordernissen, denen jeder Handwerkmeister zu genügen hatte, bevor er zum selbständigen Gewerbebetrieb zugelassen wurde. Das erste unter ihnen ist die Erfüllung der vorgeschriebenen Lehrzeit.

Die Vorschriften über das Lehrlingswesen nehmen in den Statuten den breitesten Raum ein und lassen in ihrem Zusammenhang klar erkennen, dass die Zunft in der Ausbildung der Lehrlinge die Grundlage für die Erhaltung des Handwerkerstandes erblickte.

Schon die Annahme des Lehrlings galt nicht als Privatsache, sondern als Zunftangelegenheit; der Lehrcontract wurde in Gegenwart der Geschwornen abgeschlossen. Der Betrag des Lehrgeldes und die Anzahl der Lehrjahre waren für jedes Gewerbe durch Statut festgestellt; der Meister konnte die Bedingungen erhöhen, aber er durfte sie nicht ermässigen: plus de tems et plus d'argent puet il bien prendre; mès a moins ne le puet il pas prendre, sagen die Statuten.

Beschränkung der Lehrlingszahl ist allgemeine Zunftregel; nur wenige Statuten stellen die Zahl der Lehrlinge in das Belieben des Meisters. Fast durchweg wird bestimmt, dass der Meister ausser seinen eigenen Kindern und denen seiner nächsten Verwandten, nur einen Lehrling halten dürfe. Denn der Meister hatte genug zu thun wenn er diesen einen Lehrling gut unterrichtete. [66]) Die Geschwornen wachten genau darüber, dass keine Beugung des Lehrvertrags stattfand, und dass der Lehrling thatsächlich gemäss der Vereinbarung mit Arbeit und Uebung des Handwerks beschäftigt wurde.

Die Lehrzeit dauerte lange. Bei einzelnen Gewerben waren sechs, bei anderen acht, bei einigen selbst zehn Jahre

---

[66]) Qui plus e'aprentices prendroit que un, se ne seroit pas li prufiz aus mestres ne aus aprenrices; car les mestreises sont asez charchiées en aprundre bien une. Tit. 57, Art 4.

vorgeschrieben. [67]) Auch hier tritt die Auffassung der Lehre als eines Unterrichts klar hervor die Ursache der langen Lehrzeit wird nicht verschleiert. Der Meister, der den Lehrling unterwies, glaubte, dass er für seine Mühe ein Recht habe auf die spätere geschulte Arbeitskraft. Deshalb aber konnte auch der Lehrling, jedoch nur wenn der Meister ihn für genügend ausgebildet hielt, den Rest seiner Lehrzeit gegen eine entsprechende Entschädigung freikaufen [64]). Immer aber musste er eine gewisse Mindestzahl von Jahren — meist fünf oder sechs — ausgehalten haben.

Durch diese ernste, und mitunter harte Schule musste der junge Handwerker gegangen sein, ehe er sich zur selbstständigen Ausübung seines Gewerbes meldete. Der Nachweis der abgedienten Lehrzeit wurde bedindungslos und ohne Ausnahme gefordert; auch der von ausserhalb zuziehende Handwerker hatte darzuthun, dass er eine Lehre bestanden habe, die dem Pariser Brauch entsprach [69]).

Nächst der erfüllten Lehrzeit stellte die Zunft an den neuen Meister eine dreifache Forderung: er musste fähig, er musste zuverlässig, und er musste hinreichend bemittelt sein. Die Entscheidung hierüber, und damit über die Aufnahme in in die Zunft, lag vollständig in der Hand der zünftigen Meister.

Die häufig wiederkehrende Angabe » estre le peut franchement«, die wie Seite 29 erläutert haben, hat mitunter zu Missdeutungen Anlass gegeben: der Ausdruck »frei« bezeichnet hier lediglich den Gegensatz zu »kaufpflichtig«; der Zutritt selbst war nichts weniger als frei. Dass auch der Gewerbekauf, wo er vorgeschrieben war, das Prüfungsrecht der Zunft nicht beeinträchtigte, haben wir zuvor bereits vermerkt.

Ohne Nachweis der gewerblichen Befähigung wurde

---

[67]) Für alle Zünfte übersichtlich zusammengestellt bei Lespinasse und Bonnardot, Einleitung S. 102.

[68]) Auch hierfür vgl. obige Zusammenstellung; im einzelnen besonders die Angaben bei den Wollenwebern, Tit. 50, Art 8, 9 und 10.

[69]) Qu'il eust fait le mestiers as us et as coutumes de Paris, sagt das Livre des Métiers. Später nannte man dies avoir travaillé en ville de Loy, d. h. in einer Stadt, in der Statuten bestanden (Ducange Villa quae legibus suis regitur).

überhaupt kein Meister zugelassen; die Statuten verlangen allgemein »qu'il sache le mestier.« Mit der Abnahme der Prüfung waren zweifellos die Geschwornen beauftragt'; zum wenigsten wird dies in den drei Statuten, die einen entsprechenden Vermerk enthalten, mit übereinstimmenden Worten bestätigt [70]). Ueber die dabei beobachteten Formalitäten erfahren wir dagegen nichts näheres; insbesondere wird das späterhin allgemein vorgeschriebene Meisterstück nicht erwähnt [71]).

Die moralischen Eigenschaften des Bewerbers mussten über allem Zweifel feststehen. Die Zunft schloss Jeden aus, der ihr unwürdig schien, und nur der Erprobte und Rechtschaffene — le Preud' homme et loyal — wurde in die Gemeinschaft aufgenommen. Mit welchem Eifer allen unlautern Elementen der Zutritt verwehrt wurde, zeigt sich in dem Statut der Schwertfeger. Es heisst dort: »Wenn die Geschwornen irgend wen finden, der das Gewerbe beginnen will, und er sei nicht zuverlässig oder tüchtig, oder er sei schlechten Rufes, oder irgend welcher Unredlichkeit verdächtig, den sollen sie nicht zu dem Zunfteid zulassen; sondern dem Prévôt sollen sie ihn anzeigen, und der mag ihm das Gewerbe verbieten, ·wofern er nicht Bürgschaft stellt für seine Rechtschaffenheit«.[72])

Zum dritten verlangte die Zunft, dass der Meister die nöthigen Mittel zum Gewerbebetrieb besitze; »qu' il ait de quoi«, sagen die Statuten. Der Nachweis war hier einfach zu führen; eine darauf hinzielende Bestimmung finden wir nur an einer Stelle: die Getreidemüller verlangen, dass der Meister eine Mühle zu eigen besitze oder eine solche in Pacht habe. Es ist dies der einzige Fall, in dem über diesen Punkt eine Angabe gemacht wird.

Hatte der neue Meister den Anforderungen in Allem genügt, so musste er den Eid leisten auf die Zunftstatuten und geloben: »dass er sein Handwerk gut und rechtschaffen

---

[70]) Drapiers de soie Tit 40, Art. 1, Tailleur de Robes Tit. 56, Art. 3, Cordonaniers Tit. 84, Art. 10.

[71]) Der Ausdruck Chef d'oeuvre kommt im Livre des métiers überhaupt nur einmal vor, und zwar mit Bezug auf den Lehrling, der sich durch Anfertigung eines solchen Werkstückes eine bessere Stellung schaffen konnte. Tit. 79, Art. 11. [74]) Tit. 97 Art. 8.

führen wolle, und nach dem Brauch und Herkommen der Zunft.« Hiermit war seine Aufnahme erfolgt; er trat gleichberechtigt in die Reihe seiner Genossen und nahm an den Rechten und Pflichten der Gemeinschaft theil. Wir sehen, die Vorbedingungen sind zahlreich, und vor Allem: ihre Handhabung liegt gänzlich in der Macht der Zunft; doch sie zeigen nur den ernsten Willen, das Handwerk ehrlich und auf gutem Stand zu erhalten, nicht aber dem Neuling oder dem Fremden den Eintritt zu erschweren. Nur e i n e Zunft macht hier eine Ausnahme; es sind die Wollenweber, die nur Meistersöhne aufnehmen und jeden Andern ausschliessen [73]).

·Aus dem ersten Buch des Livre des Métiers haben wir noch folgende allgemeine Bestimmungen zu erwähnen:

Eine geregelte Arbeitszeit bestand in allen Gewerken; sie war jedoch nicht für alle gleichmässig, und jede Zunft folgte hierin ihrem eigenen Brauch Der Arbeitstag beginnt mit Sonnenaufgang, wenn die Nachtwache abgeblasen wird; sein Ende richtet sich nach der Jahreszeit, je nach den längeren oder kürzeren Tagen. Nachtarbeit ist fast allgemein streng verboten; nur wenige Gewerbe machen hierin eine Ausnahme und gestatten die Nachtarbeit entweder überhaupt, oder in einzelnen Fällen, insbesondere wenn dringende Aufträge des Hofes oder hoher Herrschaften vorlagen.

Das Verbot wird in den Statuten damit begründet, dass zu brauchbarer Arbeit volles Tageslicht gehöre, und dass zur Nachtzeit kein tüchtiges Werkstück gefertigt werden könne. Wir müssen bei solchen Bestimmungen allerdings der mangelhaften Beleuchtungsvorrichtungen jener Zeit gedenken, die in der That für genaues Arbeiten kaum genügten; auch mag die damals nicht geringe Feuersgefahr bei dem Verbot mitgewirkt haben. Das Verbot der Nachtarbeit ist lange Zunftrecht geblieben und erst das fünfzehnte Jahrhundert beginnt mit der allmähligen Zurückdrängung dieser Beschränkungen.

---

[73]) Vgl. hiezu den bemerkenswerthen Streit der Färber und der Wollenweber, Artikel 6 des Färberstatuts Tit. 54.

An kirchlichen Feiertagen ruht die Arbeit. Der Verkauf an Sonntagen ist besonders geordnet: in jeder Zunft darf jeweils ein Meister in wechselnder Reihenfolge am Sonntag verkaufen. Auch dieser Reiheverkauf an Sonntagen ist in der Folgezeit dauernd zu Recht bestehen geblieben.

Die Bruderschaft (Confrérie) ist — wo sie damals über- haupt bei einer Zunft bestand — im Livre des métiers noch lediglich dem Gottesdienst und der Mildthätigkeit gewidmet; sie wird deshalb auch erst späterhin, wenn sie eine weltliche Ein- richtung geworden ist, in den Kreis unserer Besprechung treten. Die Stiftung einer Bruderschaft war zur damaligen Zeit noch keineswegs mit jeder Zunft verbunden [74]).

Ueber die Thätigkeit und über die Einkünfte der Bruder- schaften enthält das Livre des métiers nur wenige Angaben [75]). Regelmässige Einnahmen (Wochenbeiträge) werden nicht er- wähnt, sondern nur zeitweilige Eingänge, wie eine Aufnahme- gebühr [76]), ein Antheil an den Strafgeldern in einigen Zünften. Als Einnahme von Belang erscheint nur die Einschreibe- gebühr, die nach einer erheblichen Anzahl von Statuten der Lehrling bei seiner Aufdingung zu entrichten hatte, und die zu Gunsten der Bruderschaft verwendet wird.

Die Einnahme aus den Strafgeldern gehört ursprünglich ungetheilt dem Gerichtsherrn; hier also dem König. Den Geschworenen und der Confrérie wird indess im Livre des métiers ein Antheil, der vorläufig meist noch recht gering ist, zugebilligt. In der Hauptsache fliessen die Geldbussen dem König zu; bei der Verleihung von Zünften wird — wie bereits S. 23 bemerkt — auch ein Theil dieser Einnahmen an die Zunftherren übertragen.

In dem folgenden Abschnitt erörtern wir nunmehr die Abgaben, Gebühren und Lasten, von denen das zweite Buch des Livre des métiers ausschliesslich, und das erste Buch an einzelnen Stellen handelt. Die Darlegung wird hier

---

[74]) Vgl. u a. S. 110 die Angaben der Fischhändler.
[75]) Vgl. hierüber die Auszüge bei Lespinasse und Bonnardot Einl. S. 97 ff. [76]) s. S. 28 Anmerkg.

— wie dies auch im Original der Fall ist — einen grösseren Raum beanspruchen als wir sonst dieser Materie zu widmen haben; denn wir haben hier noch kein zusammenhängendes Steuersystem, sondern eine ganze Reihe einzelner, von einander unabhängiger Verpflichtungen zu schildern.

Die Leistungen, die den Zünften nach dem Livre des métiers auferlegt sind, scheiden sich in besondere und in gemeine; das ist, in solche, denen nur das Handwerk und das Gewerbe, und in solche, denen die ganze Bürgerschaft unterworfen war. Nur die ersteren werden wir eingehend behandeln, die letzteren dagegen lediglich in einer Uebersicht anfügen.

Diese besonderen, d. h. rein gewerblichen Lasten zerfallen wiederum in zwei Kategorien: in solche, die nur von einzelnen Zünften, und in solche, die vom Gewerbe insgesammt zu tragen waren. Wir beginnen unsere Erörterung mit der ersten Kategorie, und zwar mit den Hauban.

------·•·------

I. Der Hauban.

Hauban (Halbannum) heisst ursprünglich der Befehl, durch welchen der Grundherr seine hörigen Unterthanen zur Ableistung von Frohndiensten aufruft[77]). Die Dienste waren im frühen Mittelalter ungemessen und führten zu schlimmen Bedrückungen. Bei dem Affranchissement wurde auch eine Festsetzung dieser Frohndienste versucht.

Wo nun der Grundherr in eine solche Festlegung oder Ablösung der Dienste willigte, hiess die hierfür vereinbarte Leistung an Geld und Naturalien gleichfalls der »Hauban«.

Ueber seine Bedeutung in Paris sagt das Livre des métiers:

Haubans est uns propre nons[78]) d'une coustume asise par la quele il fu establi ancienement que quiconques seroit haubaniers qu'il seroit plus frans et paieroit mains[79]) de droiture et des coustumes de la marchandise de son mestier que cil qui ne seroit pas haubaniers.

------

[77]) Ducange: Halbanum (tributi species) submonitio ad operas, vel ejus redemptio pecuniaria. [78]) nom. [79]) moins.

Der Hauban bezeichnet demnach in Paris seit langer Zeit die A b f i n d u n g für ungemessene, grundherrliche Lasten. Das Wort hat seine ursprüngliche Bedeutung umgewandelt; es bezeichnet nicht mehr die ehemalige allgemeine Verpflichtung, sondern nur die dafür im besonderen Falle vereinbarte Leistung. Der Hauban war mithin eine feste begrenzte Gebühr, durch deren Zahlung sich der Haubanier von gewissen grundherrlichen Abgaben befreite [80])

Die Abfindung durch den Hauban wurde nicht allgemein den Pariser Handwerkern, sondern nur einzelnen Zünften gestattet [81]). Der Haubanier war für die zu seinem Gewerbebetrieb gehörenden Waaren und Güter von der Zahlung des Tonlieu (einer Eingangsabgabe, von der S. 47 die Rede sein wird) befreit. [82]) Je nach der Bedeutung und Leistungsfähigkeit der Zunft wurde dann von ihren Angehörigen ein ganzer, ein halber oder anderthalb Hauban gefordert [83]).

Die Entrichtung der Abgabe geschah anfänglich in natura, nämlich durch Einlieferung von 1 Muid Wein; später wurde statt dessen, je nach dem Preisstand des Weines, ein entsprechender Geldpreis gezahlt. Die hieraus entstehenden Streitigkeiten veranlassten König Philipp-August im Jahre 1201 den zu zahlenden Betrag ein für allemal auf sechs Solidi für den ganzen Hauban – und dem entsprechend drei Solidi für den halben und neun Solidi für anderthalben Hauban — festzusetzen.

Als Abgabe war der Hauban keiner Fortentwicklung fähig, da er mit dem sich später herausbildenden System allgemeiner Verbrauchsabgaben in unmittelbarem Widerspruch stand. Eine letzte Spur des Hauban finden wir im Jahre 1651 [84]).

<hr/>

[80]) Die Angaben über den Hauban bei Chéruel, Dictionnaire historique des Institutions de la France, 4te Aufl. Paris 1874 S. 231 und 531 sind unzutreffend.

[81]) Es sind dies: Talemeliers, Regrattiers de pain, Regrattiers de sel, Bouchers, Pêcheurs de l'eau du Roy, Maréchaux, Sueurs, Baudroyers, Boursiers, Mégissiers, Tanneurs, Pelletiers, Gantiers, Foulons, Fripiers. Livre des métiers II Tit. 8.

[82]) Vgl. hierzu u. A. Livre des métiers Buch I Tit. 76 Art. 27, Buch II Tit. 13 Art. 6, Tit. 30 Art. 5, 7 und 17.

[83]) Livre des métiers II Tit. 8. [84]) Vgl. S. 104.

II. Kleine Abgaben und droit de Prise.

Von Belastungen einzelner Gewerbe finden wir noch bei den Feiniers (Courtiers de foin [15]) Esqueliers (Holzgeschirrmacher [16]), Fèvres (Schmiede [17]), und Cordouaniers [18]) Abgaben und Leistungen von geringem Belang für den königlichen Hof oder dessen Bediente.

Eine grössere Bedeutung hatte indess das Droit de Prise, ein grundherrliches Recht, das unter die drückensten dieser Art zählt. Von ihm wurden diejenigen Pariser Gewerbe betroffen, die sich mit dem Vertrieb von Nahrungsmitteln befassen.

Das Droit de Prise ist das Recht, welches sich die Grundherrn zuschrieben, innerhalb der Grenzen ihrer Grundherrschaft Lebensmittel und Bedarfsgegenstände zu einem Preise, den sie selbst bestimmten, an sich zu nehmen [19]).

Da das droit de Prise zu dem damals in voller Kraft stehenden Feudalrecht gehörte, so konnten die Zunftstatuten hierüber keinerlei gültige oder bindende Vorschrift machen, und die wenigen Hinweise, die wir im Livre des métiers über diesen Gegenstand finden, sind lediglich als der Ausdruck von Wünschen und Beschwerden zu betrachten; so sagt das Statut der Regrattiers de fruit im 19. Artikel:

Item que nus ne pregnie oes (oeufs) ne frommages eu nom du Roi ne de Reine por revendre, quar ce est grief [20]).

In der Stadt Paris übten im dreizehnten Jahrhundert das droit de Prise aus: der König für seinen eigenen Hofhalt und für den der Königin und der königlichen Prinzen, als Stadtherr; der Bischof von Paris für seinen eigenen Hofhalt, als der Grundherr des Capitels von Notre-Dame; einige Grossvasallen und Herren, vermöge königlicher Verleihung [21]). Der König ernannte die Taxatoren, welche das entnommene Gut abzuschätzen hatten; sie mussten auf die Heiligen schwören,

---

[15]) Tit. 89, Art 13.   [16]) Tit 49, Art. 5.   [17]) Tit. 15, Art. 3 und oben S. 15.   [18]) Tit 84, Art 13.

[19]) Encyclopédie Méthodique Jurisprudence Bd 6, S. 787.   [20]) Tit. 10, Art. 19.

[21]) Vgl. die Ordonnanz von 1308 C. d. L. Bd. I, S. 459), die hierzu noch die Maison-dieu de Paris rechnet.

dass sie ihr Amt rechtschaffen und ehrlich ausüben und keinerlei Geschenke von irgend einer Seite annehmen würden. Das droit de Prise gab fortwährend zu den schlimmsten Uebergriffen Anlass, da sich Unberechtigte das vortheilhafte Recht anmassten, und auch die königlichen Beamten ihre einträgliche Befugniss missbrauchten. Die Könige suchten durch zahlreiche Ordonnanzen den Uebelständen abzuhelfen. Im Jahre 1308 erliess Philipp IV eine Ordonnanz in 16 Artikeln, welche die Ausübung des droit de Prise regeln sollte. Eine Einschränkung [92]) versuchten die gleichlautenden Ordonnanzen Philipp V vom Jahre 1318, [93]) Philipp VI vom Jahre 1345, und die wenig abweichende Ordonnanz vom Jahre 1356, die der Dauphin Charles während der Gefangenschaft des Königs Johann erliess. [94])

Das Unwesen war nicht auszutilgen; es nahm während der Zerrüttung unter Karl VI immer mehr überhand. Von 1356 bis zum Ende der Regierung Karls VI ergeht eine Ordonnanz nach der andern über den gleichen Gegenstand; sie blieben ebenso fruchtlos, wie die zahlreichen Exemptionen, die sich einzelne Städte auswirkten. Erst mit den Verwaltungsreformen Karl VII verschwindet das droit de Prise und macht einem geordneten militärischen Requisitionsrecht Platz.

III. Die Verkehrsabgaben.

Bis hierher haben wir solche Lasten besprochen, welche e i n z e l n e n unter den Zünften auferlegt waren; wir wenden uns jetzt zu den Leistungen, die auf den Waaren- und Marktverkehr gelegt und somit von dem Gewerbe a l l g e m e i n zu tragen waren. Es sind dies die Strassen- und Brückengelder, die Markt- und Verkaufsgelder, und die Zölle.

Das vor uns liegende Gebiet mittelalterlicher Besteuerung hat in der Litteratur geringe Berücksichtigung erfahren. Die Autoren lassen es meist bei einer Wiedergabe der zahlreichen hierher gehörigen Benennungen bewenden, und schildern

---

[92]) Nicht etwa Aufhebung, wie der Wortlaut annehmen lässt.

[93]) Coll. d. I., 1 679 resp. II, 238.

[94]) Ebenda III 124; diese Ordonnanzen behandeln selbstverständlich das droit de Prise allgemein, für das Königreich.

die Abgaben selbst als verwirrt, planlos und willkürlich. Der Versuch, diese Mannichfaltigkeit unsrer Materie in ein gewisses System zu bringen, mag schon um desswillen einiges Interesse bieten, als die in diesem Abschnitt zu besprechenden Abgaben die einzigen sind, die in der Folgezeit erhalten und fortgebildet wurden.

Vor allem gilt dies von den Zöllen, die wir an dritter Stelle behandeln werden; aus ihnen ist ein erheblicher Theil der späteren Landes- und Reichszölle Frankreichs hervorgegangen. Auf diese Entwicklung selbst können wir hier nicht näher eingehen; ich bemerke nur, dass eine eigentliche Aufhebung dieser Abgaben überhaupt nicht stattgefunden hat, sondern nur eine Verschmelzung eines Theiles derselben zu gemeinsamem Titel, dem droit de domaine et de barrage [85]), während der Haupttheil mit den grossen Pachtungen (den douanes, octroi des villes und vor Allem der ferme des aides) vereinigt wurde. Die Continuität ist also hier eine ununterbrochene geblieben, und es ist demnach keine unfruchtbare Aufgabe, diese Besteuerungsformen nach ihrem frühesten Stande zu schildern.

Eine allgemeine Objectsteuer hat das 13. Jahrhundert ebenso wenig gekannt, wie ein allgemeines bürgerliches Recht. Wie jedes Recht im Besonderen verliehen war, so war auch jede Abgabe auf einen bestimmten Vorgang radicirt.

Die Verkehrsabgaben, die wir im folgenden zu erörtern haben, lassen sich nun unter drei Haupt-Klassen einreihen, denen ebensoviele grundherrliche Gerechtsame gegenüberstehen; im einzelnen wird dann die Gebühr wieder an eine besondere Berechtigung gebunden.

Die drei Hauptklassen sind:

A. Strassen- und Brückengelder, die auf der Strassen und Brückenbaulast beruhen.

---

[85]) Die betreffende Ordonnanz ist Encyl. Méthod. finances Bd. 1, 618. wiedergegeben. Die Encyclopédie selbst bemerkt über diese Abgaben: droits si anciens, que les titres de leur origine sont absolument perdus.

B. Markt- und Verkaufsgelder, die auf dem Markt
und Bannrecht beruhen.

C. Zölle, die auf dem Geleitsrecht beruhen.

Ich bemerke vorab, dass von diesen drei Einnahmequellen die Strassen- und Brückengelder in ganz Frankreich
bis zum Ende des Ancien Régime den Grundherrn verblieben. (das ist, dem König in den Herrschaften, in denen
er der Grundherr war, und den Seigneurs, da, wo sie die
Grundherrn waren). Die Marktgelder folgten dem Erwerb der
Marktgerechtigkeit, welche die Städte vielfach an sich brachten.
Die Zölle gingen in die königliche Verwaltung über.

--- • ---

A. Strassen- und Brückengelder.

Die Strassen- und Brückengelder sind in den beiden
ersten Titeln des zweiten Buches des Livre des métiers behandelt. Das Strassengeld (Chaucié, Chaussée) wird gleich zu
Anfang erklärt als: une coustume asise et establie ancienement seur chars, seur charrettes, seur somier chargiés. Les
quels chaucies sunt prises et demandées par la reson de fere
aparellier les chaucies, les chemins, les ponts et les passages
dedens la banliue de Paris.

Die Erhebungsvorschriften sind einfach, weil hier nicht
auf Waarenmenge und Gewicht, sondern mehr auf die Art
des Transportes Rücksicht genommen wird. In der Hauptsache waren zu zahlen für einen Karren 2 Denaren, für ein
Lastpferd 1 Obolus.

Der Brückenzoll (péage) hat dagegen einen umfassenden,
klassificirten Tarif von 97 Artikeln. Die Erhebung fand am
Petit-pont statt, der Brücke, die im Süden von Paris über
die Seine führte.

Der Brückenzoll war hauptsächlich von dem Landvolk
zu tragen, das nach Paris zu Markte kam; der Pariser Bürger
war im wesentlichen davon befreit Indess der Tarif selbst
umfasst nicht unterschiedslos alle Gegenstände des über die
Brücke geleiteten Verkehrs, sondern er weist eine Reihe von
Freilassungen auf, unter ihnen von Nahrungsmitteln das Getreide; Gemüse und Obst in Traglasten; ferner Eier, Geflügel

u. dgl. Als grössere Objecte des Brückenzolls sind dagegen zu erwähnen: Schlachtvieh, Häute, Felle, Leder, Oel, Honig, Talg, Fische. Wein ging frei ein; er zahlte nur, wenn er wieder nach ausserhalb verschickt wurde. Gegenstände des Marktverkehrs enthält der Tarif in grosser Zahl. Der Zollsatz beträgt meist 2 Denaren für den Karren, 1 Denar für das beladene Pferd und einen Obolus für die Traglast.

Im Artikel 92 findet sich auch das Salz erwähnt, mit einem Zollsatz von 2 Denaren für den Karren, 1 Denar für das Pferd und einer poitevine (die kleinste Münze, Heller) für die Traglast. Der Salzhandel war damals noch frei und nichts lässt erkennen, dass sich hier einst die Landplage des französischen Volkes bilden sollte, die Gabelle du Sel. Zu jener Zeit war hiervon nichts zu spüren; im Gegentheil, der Artikel über den Salzhandel umschliesst eine milde, freundliche Vorschrift, die ich hier nicht unerwähnt lassen will.

Schlicht und einfach redet der fromme Sinn des Mittelalters aus diesen Worten:

›Si aucun hom porte sel a son col et on li preste beste ou charete pour amor Dieu ou pour amor de lui, ja n'en dorra (donnera) plus que il feist seur son col.‹

Der arme Lastenträger, dem um Gotteswillen oder aus Mitleid eine Karre geliehen wurde, der soll darum keinen höheren Zoll zahlen, als wenn er die Last auf seinem Rücken trüge.

Ein solches Zeitalter vermochte es wohl, den Frohsinn selbst mit dem Fiscalismus zu vereinigen. So sagt der Artikel 44:

›Wer Affen zu Markte bringt, sie zu verkaufen, der zahlt 4 Denaren. Wenn aber der Affe einem Gaukler gehört, tanzen soll der ihn lassen vor dem Zöllner, und dafür soll er frei sein von dem Zoll. Desgleichen, der Bänkelsänger soll frei ausgehen, für einen Vers seines Liedes.‹

Ein Lied statt des Brückenzolls — so bewahrt uns jene kindliche Zeit ihre Poesie selbst inmitten eines trockenen Zolltarifes.

B. Markt- und Verkaufsgebühren.

Die Markt- und Verkaufsgebühren waren in hohem Masse ausgebildet und von grosser Bedeutung. Sie werden bezeichnet mit droit de h a l l a g e, M i n a g e, P o i d s - l e - R o i, und R i v a g e. Das droit de Hallage ist die einträgliche Abgabe von den Markthallen [96]).

Die Pariser Markttage waren Freitag und Samstag; an den andern Tagen verkauften die Handwerker in ihrer Werkstatt, an den Marktagen aber mussten sie in den Hallen feil halten [97]). Es war dies ein Zwang, dem sich indess die Handwerker, der Verkehrsvortheile wegen, meist gutwillig fügten [98]). In den Hallen trafen sich Käufer und Verkäufer, Einheimische und Fremde; die auswärtigen Verbindungen von Paris waren im dreizehnten Jahrhundert bereits von weiter Ausdehnung; durch den Wasserweg auf der Seine und Marne wurde die Zufuhr auf grosse Strecken begünstigt. Die Gewerbe hatten ihre bestimmten Plätze, einige hatten besondere Abtheilungen, oder selbst eigene Hallen.

Die im Hallenverkehr zu entrichtende Abgabe war einfach in ihrer Erhebungsform und in ihren Tarifen. Theils war sie nach den beanspruchten Platz bemessen [99]), theils nach der Waarenmenge. [100]) Eine Befreiung für Adel und Geistlichkeit fand hier nicht statt.

Dem Hallage verwandt sind die Gebühren des M i n a g e und des P o i d s - l e - R o i.

Der König als Marktherr bestimmte und lieferte das gesetzmässige Maass und Gewicht in den Hallen. Für die Benützung dieser Einrichtungen und die Besoldung der Beamten erhob er eine Abgabe, die bei Hohlmaassen Minage (von Mine, dem Hohlmaass für Getreide) [100]), bei Abwiegungen Poids-le-Roi genannt wurde. [101])

[96]) Ueber das hallage im allgemeinen vgl. Encycl. Méthod. Jurispr. Bd. V, S. 9.

[97]) Ueber die Errichtung der Hallen, vgl. Géraud, Paris sous Philippe le bel, Livre de la Taille, Paris 1837, S. 359.

[98]) Ausnahmen bei Lespinasse und Bonnardot a. a. O. S. 134.

[99]) z. B. Drapiers Tit. 24. Art. 16.

[100]) z. B. Getreide Tit. 10, Art. 2.

[101]) Ueber das Minage im Allgemeinen, vgl. Encycl. Méthod. Jurisprudence Bd. VI, S. 27.

Das Poids-le-Roi, ursprünglich eine Wiegegebühr, beginnt schon im Livre des métiers den Charakter einer Waaren-Abgabe anzunehmen. Wir werden weiter (S. 47) sehen, dass die Zahlung des Poids-le-Roi von der Entrichtung des Conduit befreite. Die allgemeine Ausbildung des Poids zu einer Besteuerungsform findet dann im vierzehnten Jahrhundert, bei dem rapide steigenden Finanzbedarf, statt. Die Städte erwirkten sich Privilegien, ein Poids commun zu errichten und dessen Benützung zwangsweise vorzuschreiben; [102]) einzelne Zünfte erreichten die Befreiung gegen ständige jährliche Abgaben [103]); die fremden Kauffahrer in den Hafenstädten erhielten den Nachlass vom Poids de la ville gleich anderen Vorrechten. Mit dem Ende des vierzehnten Jahrhunderts ist das Poids-le-roi oder Poids commun dem später zu erörternden System der indirecten Abgaben allgemein eingefügt. [104])

Das Rivage endlich ist die Hafen- und Anlegegebühr, die von dem Schiffsverkehr erhoben wurde; der Haupthafen war die Place de Grève. Die Gebühr war fast ganz gleichmässig 1 Obolus für die E i n h e i t, als welche je nach der Warengattung das Fass, die Traglast u. s. w. betrachtet wurde. Kohlenschiffe zahlen 3 Obolen; zuziehende Fremde, die sich dauernd in Paris niederliessen und ihren gesammten Hausrath mitbrachten, zahlen 4 Denaren. Getreide, Brot und Früchte französischen Ursprungs waren dagegen vom Hafengeld befreit, weil sie durch die Hallenabgaben genügend belastet erschienen (les quex choses s'aquitent es hales et le marchié de Paris) [105]).

C. Zölle.

Wir gelangen jetzt zu den Waarenzöllen, unter denen ich solche Abgaben zusammenfasse, die nicht an die Verkehrs- und Markteinrichtungen gebunden, sondern auf die Waare selbst gelegt wurden.

---

[102]) Livre des métiers, VII. Buch Tit. 15, Art. 1 und 6; Tit. 25, Art 4.
[103]) C. d. L. Bd. V, S. 705. [104]) C. d. L. Bd. IV, S. 323.
[105]) Die genauere Darstellung ist im engen Rahmen dieser Studie vorläufig nicht unterzubringen. Ueber die Erhebung des Poids-le-Roi im 18ten Jahrhundert vgl. Encycl. Méth. Finances, Bd. II, S. 238.
[106]) Tit. 4 des zweiten Buches Livre des métiers.

Das Sytem der Waarenzölle des Livre des métiers erscheint auf den ersten Anblick — wegen der geradezu endlosen Nomenclatur — recht verworren. Mit der bunten Aufzählung dieser verschiedenen Zollrechte lässt sich nun leicht ein litterarisches Spiel treiben; doch sobald man die Bestimmungen im einzelnen betrachtet und vergleicht, so reihen sie sich zu einem wohlgefügten System zusammen, das allerdings, wie es den Zuständen jener Zeit entsprach, einen grundherrlichen und rein lokalen Charakter trägt.

Unter drei Rubriken lassen sich alle diese Zollsätze einreihen: unter dem Conduit, den Tonlieu und die Weinzölle. Der Conduit (conductus) ist der Durchfuhrzoll, der Tonlieu (teloneum) ist der Eingangszoll; beide beruhen auf dem grundherrlichen Geleitsrecht. Der König erhebt diese Abgaben nicht als Landesherr, sondern als Grundherr. Es sind Abgaben lokaler Natur, die mit den Landes-Grenzzöllen nichts zu thun haben.[107])

Das Livre des métiers beginnt die Erläuterung des Conduit und des Tonlieu mit dem siebenten Titel des zweiten Buches und behandelt alsdann die Materie in nicht weniger als 24 Titeln, deren jeder eine mehr oder minder grosse Zahl von Paragraphen enthält. Wir beginnen hier mit der Erörterung des Conduit, der Abgabe, die der fremde Kaufmann zu entrichten hatte, wenn er durch das Pariser Gebiet zog.[108])

In Bezug auf den Conduit stellt der Artikel VII zwei wichtige Grundsätze auf:

Artikel 7 «Se li avoirs[109]) est pesez au poid-le-Roy (S. 44), il ne doit point le conduit, quar le poids le Roy le conduit, se li avoirs est marchandés a Paris.«

Wenn also die durchgeführten Waaren in Paris ›gehandelt‹ (umgesetzt) wurden und für diesen Umsatz die Marktgebühr gezahlt war, dann hatten die Waaren freien Conduit. Dieselbe Freiheit galt, wenn die durchgeführten Waaren den

[107]) Ueber die Zölle der fränkischen Periode, vgl. Brunner, deutsche Rechtsgeschichte, Leipzig 1892, II. Bd. S. 238. Warnkönig a. a O. Bd. I, S. 155.

[108]) Der Art. 8 des Titel VII beschreibt die Gebietsgrenzen und damit den Umfang der Prévôté de Paris auf das Genaueste.

[109]) Unter avoir, oder avoir de poids versteht das Livre des métiers alle Güter, die nach dem Gewicht gehandelt werden.

Eingangszoll, den tonlieu entrichtet hatten. Hierüber sagt Titel VII, Art. 19:

»Toute marchandise, quele que elle soit, achatée au Samedi ens hales ou en marchié de Paris est quite de conduit. (se ce n'est vin, tant seulement): et se la marchandise est achatée aus autres jours que au Samedi et li Roy en ait eu son tonlieu, elle ne doit point de conduit [110]).«

Die Doppelbesteuerung, die man bei diesen recht schwerfälligen Abgaben gerne geneigt ist anzunehmen, ist also, wie wir sehen, ganz klar vermieden. Marktgebühr uud Eingangszoll befreien die durchgeführten Waaren vom Conduit.

Der Conduit war mithin nur zu zahlen, wenn das transitirende Gut, ohne sonstige Abgabe, unter Nutzung des sicheren Geleits das Pariser Gebiet durchzog; hierfür eine Abgabe zu erheben, war der Grundherr nach dem damaligen Stande der Verwaltung ohne Frage berechtigt.

Das Livre des métiers zählt nun die pflichtigen Waaren einzeln in verschiedenen Titeln und Paragraphen auf. Es kennt einen Conduit de chevaus, de bues, de vaches, et de toutes autres bestes; einen Conduit de fier et d'achier (fer et acier); einen Conduit de huile, de miel, de draps, und so fort. Nachdem uns aber die Tendenz dieser Abgabe bekannt ist, bedarf es keines näheren Eingehens auf die einzelnen Titel und Bestimmungen.

Die Tarifsätze für den Conduit sind meist 2 sols für die Karre, 4 sols für den Wagen; im einzelnen gehen sie herab bis 4 denaren, sind jedoch im Durchschnitt stets etwas höher angesetzt als der Tonlieu für die gleichen Waarengattungen.

Weniger einfach wie für den Conduit erscheinen die Grundsätze für den Tonlieu, den wir nunmehr zu besprechen haben. Die Darstellung wird noch dadurch erschwert, dass der tonlieu grundsätzlich vom Verkäufer und vom Käufer der eingeführten Waaren entrichtet werden sollte; dass dagegen dies Princip wiederum durch zahllose Ausnahmen durchbrochen wurde. Wir werden indess diese Ausnahmen, die unser Text in jedem Capitel in der Gestalt von

---

[110]) Die Bestimmung ist wiederholt im Tit. 12, Art. 13.

«Befreiungen» (Franchises) in endloser Zahl aufführt, unter drei Abtheilungen zusammenfassen können.

Ich habe den Tonlieu des Livre des Métiers eine grundherrliche Abgabe genannt, die auf dem Geleitsrecht beruht. Diese Begründung müssen wir im nachfolgenden festhalten; denn eine allgemeine Waarenabgabe ist der Tonlieu keineswegs.

Die erste Folge der obigen Ableitung aus dem Geleitsrecht musste nun sein: dass der Bourgeois de Paris für die nach Paris eingeführten Erzeugnisse seiner eigenen Landgüter keinen Tonlieu zu zahlen hatte. Denn zum sicheren Geleit des Gutes seines Schutzbürgers war der Grundherr — in diesem Fall der König — ohne weitere Abgabe verpflichtet. Wir finden denn auch diesen Gedanken im Livre des métiers klar durchgeführt; es erscheint hier nur in der Form der Franchise, der Befreiung vom Tonlieu.

So bestimmt der Titel 10, Artikel 6:

«Bourgois de Paris qui vent le blé de sa terre, ne doit point de tonliu.»

Artikel 9 rechnet alsdann zu dem Getreide noch alle Arten Feldfrüchte und Gemüse.

Titel 13, Art. 5 besagt:

»Bourgois de Paris ne hon (homme) demouranz de danz les murs ne doivent point de tonlieu du sieu (suif) qu'i vendent qui vient de leur bêtes.»

Das gleiche bestimmt Artikel 11 desselben Titels vom Bacon (Lard). Ferner Titel 21, Artikel 3:

«Se hom estagier [1]) de Paris vent huile qui crut en ses arbres, il n'en doit point de tonlieu.»

Ebenso heisst es im Artikel 11 gleichen Titels vom Honig u. s. w.

Gespinnst von Leinen und Hanf, sowie gewaschene Wollen waren überhaupt zollfrei.

Im frühesten Mittelalter — im dreizehnten Jahrhundert allerdings nicht mehr — werden die vorgenannten Erzeugnisse fast alles umfasst haben, was der Stadtbürger aus seinen Landgütern zum marktmässigen Verkauf brachte, so dass

---

[1]) Einwohner.

sich also in diesen zahlreichen Franchises das ursprüngliche freie Geleit des Schutzbürgers fortpflanzt.

Die zweite Ausnahme bilden jene fünfzehn Gewerbe, die den Hauban hatten; von ihnen ist S. 38 die Rede gewesen. Die Zahlung dieses Zinses befreite den Haubanier von der Entrichtung des tonlieu für diejenigen Waren, deren Einkauf und Verkauf zu seinem Gewerbebetrieb gehörte.

Die Befreiung, die wir an erster Stelle besprachen, galt nur für die Einfuhr aus den eigenen Liegenschaften des Bürgers; der Pariser Haubanier dagegen ist ausserdem noch vom Tonlieu befreit für die Gegenstände, die er in seinem Gewerbe verwendet. So ist der Fleischer befreit vom Tonlieu des boeufs, der Kürschner vom tonlieu de la pelleterie, u. s. f. Doch wurde der Hauban, wie früher gesagt, nur wenigen Zünften gewährt [112]).

Eine dritte Ausnahme bestand nun in einzelnen Fällen beim Kauf für den eigenen Bedarf, wenn die Absicht des Wiederverkaufs ausgeschlossen war [113]). Die Bestimmung lautet in solchem Falle meist:

Autant doit de tonlieu cil qui achate come cil qui vent, s'il n'achate pour son user.

Diese Befreiung für den eigenen Bedarf war insbesondere zugestanden bei Titel 10 Getreide, Titel 21 Oel und Honig [114]), Titel 13 Pferde und Rindvieh, Titel 27 Leinwand aller Art; ferner bei Tuchen im Buch I Titel 50 Art. 41. Hierzu tritt noch im Titel 22, Art. 16 eine Befreiung für Obst, das auf dem Wasserwege ankommt [115]). —

[112]) Auch die Eisenhändler zahlten eine feste jährliche Abgabe an Stelle des Tonlieu Tit. 14, Art. 4.

[113]) Diese Befreiung für den eigenen Bedarf galt in der früheren, der Feudalzeit voraufgehenden Periode allgemein. Vergl. Brunner a. a. O. II S. 238. Hier ist sie nur in einzelnen Fällen, und auch dann nur dem Käufer zugestanden.

[114]) der damals in der Wirthschaft eine weit grössere Rolle spielte, wie heute.

[115]) Die Befreiungen für Adel und Geistlichkeit gehören nicht zu unsrer Darstellung; erwähnt sind sie u. a. Titel 7, Art. 21, Titel 10, Art. 2, Titel 12, Art. 4.

4

Wenn wir nun diese Befreiungen, insbesondere die der
ersten und dritten Kategorie zusammenhalten, so zeigt sich,
welche Tendenz der Tonlieu hatte. Er war keine allgemeine
Waarenabgabe, die unterschiedslos oder cumulativer Weise
abgefordert wurde ; er war auch keine eigentliche Verbrauchs-
steuer, denn die wesentlichsten Gegenstände des noth-
wendigen Bedarfs waren befreit ; er war vielmehr ein Zoll
auf H a n d e l s g u t. Auf dem letzteren Worte liegt der Nach-
druck. Das Gut, das im Handelswege herbeigeschafft wurde,
und das nun wieder von Neuem Handelszwecken diente
sollte getroffen werden. Dies ist die Richtung, die wir, nach,
dem Ausscheiden jener drei Befreiungen, im Tonlieu erkennen,
und dies erklärt uns auch die hervorragende Bedeutung, die
das Gewerbe, der Handwerkerstand — und mit ihnen das
Livre des métiers — dieser Abgabe beilegten. —
Der Tarif selbst enthält eine erhebliche Anzahl von
Abstufungen auf die wir hier nicht näher einzugehen brauchen.
Die Einheit, die er feststellt, ist je nach der Waarengattung :
Karre, Wagen, Stück, Traglast, Centner. Bei zerlegbaren
Mengen sind Untertheilungen vorgesehen.
Am häufigsten finden sich die Sätze von 2 und von
4 Denaren für die Einheit. —

Wir kommen jetzt zu den W e i n z ö l l e n, die eine
gesonderte Besprechung erfordern. Das Livre des métiers
zeigt uns den Wein mit folgenden Abgaben belastet: Chaussée,
Péage, Rivage, Liage, Monte de la Marne, Conduit, Tonlieu,
Chantelage, Rouage.
Wenn wir nun die drei ersten, die Strassen-, Brücken-
und Hafengelder, als gemeine Gebühren sofort ausscheiden,
so bleibt doch noch eine verwirrende Anzahl von Abgaben,
die auf einem einzigen Objecte lasteten, übrig.
Wir stehen hier vor dem Ursprung der zahlreichen
Abgaben, die auf den französischen Weinhandel gelegt
wurden und die in einem fortwährend vermehrten Druck auf
ihm lasteten. Wir finden die Weinzölle auf ihrem frühen
Stand, noch ein volles Jahrhundert vor der Ausschreibung
der Aide générale, mit der die Landes-Besteuerung der Ge-
tränke begann.

Die Steuerformen, die wir hier vor uns haben, waren durch die bestehenden Rechtszustände vorgezeichnet. Dem Feudalrecht fehlten die Voraussetzungen, um eine allgemeine Weinsteuer aufzuerlegen. Der Wein bot sich jener Zeit als ein bequemes Steuerobject; er konnte als solches indess nicht anders gefasst werden, als indem man den Verkehr mit Wein in allen möglichen Combinationen verfolgte und jede einzelne mit einer Einzelabgabe belegte.

Der Absolutismus der späteren Zeit hat auf diese Unzahl lokaler, grundherrlicher Abgaben, die er allenthalben vorfand, keineswegs verzichtet. Er übernahm sie, fügte ihnen seine neuen Verkaufsabgaben hinzu und so entstand jenes verwickelte Steuersystem, das in der Hand der Ferme des Aides zu einer eigenen Wissenschaft, zu einem wahren Studium wurde. Es war im Grunde genommen nichts anderes als eine Häufung lokaler Taxen, die nach dem gleichen Princip aufgelegt waren, wie wir es hier finden: für den einzelnen Vorgang eine besondere Abgabe. Cumulirten sich dann — mit dem späteren Verkehr — die Vorgänge, so vervielfältigte sich die Steuer [116]).

Wir beginnen die Besprechung der Weinzölle mit dem Liage, über das der Titel III, Art. 1 besagt:

«La nef qui vait a Compigne (Compiegne) et maine (mène) vins, chasune navée doit 4 livres et 5 sols 6 dens. au Roy; la quele coustume l'en apele le Liage.

Die Schiffe nach Rouen (Seine abwärts) zahlten dagegen nur 2 livres 5 sols 6 dens. Liage.

Die Monte de la Marne war von jedem Schiff zu entrichten, das Marne aufwärts ging; der Tarif stand nicht fest, sondern der Zöllner bestimmte die Abgabe in jedem einzelnen Fall [117]).

---

[116]) Man muss indess, mit René Stourm, der Ferme des Aides das Lob geben, dass sie es verstand, in dies Chaos durch gleichmässige Erhebungsformen eine gewisse Einheitlichkeit zu bringen, und damit die Grundlage für die heutige Getränkebesteuerung in Frankreich zu schaffen; vergl. Stourm, Finances de l'ancien Regime, Paris 1885, Band 1, Seite 325 und 331.

[117]) Solche unbestimmte Abgaben kommen im Livre des métiers öfter vor, im ersten ebenso wie im zweiten Buch.

Die nächste Abgabe, der Conduit pour le vin ist nach den gleichen Grundsätzen aufgelegt wie wir sie für den allgemeinen Conduit fanden: er trifft die »Marchans de de¹ ›rs Paris«, welche Wein durch das Pariser Gebiet auf de¡ ¡ Landwege durchführen, oder ihn aus dem Pariser Hafen kaufen und alsdann ausführen. Der Satz ist 4 denaren für die Karre, 8 für den Wagen (Tit. VII, Art. 9 und 10).

Auch der Tonlieu zeigt für den Wein genau die zuvor für die Waarenzölle erörterte Veranlagungsweise. Der Zollsatz für den Fremden war 6 sols für das tonnel, und ein Obolus für das Fass, nach Titel 11, Art. 1:

»Tout li tonnel de vin à marchant de dehors qui viennent au port de Greve doivent chascun 6 den 1 obole de tonlieu; c'est à savoir de chascun mui¹¹⁹) 1 den de tonlieu, et de fust 1 obole de tonliu.«

Der Pariser Bürger dagegen war vom Eingangszoll für den Wein, den er einführte, befreit; nur den Fasszoll mit 1 Obolus sollte er zahlen, nach Titel 11, Art 3:

»Se bourgois de Paris amene vin au port en Greve de dehors la vile de Paris et le vent, il ne doit que 1 obole de tonlieu pour le fust.«

Wiederum finden wir die Befreiung für den eigenen Bedarf, und die Belastung von Handelsgut. Wenn ein Pariser Bürger fremden Wein kaufte, mit der Absicht, ihn nicht weiter zu verkaufen, so zahlte er keinen Tonlieu; verkaufte er ihn aber weiter, dann musste er den Tonlieu entrichten; nach Titel 11, Art. 2:

»Se hom de Paris achate vins en Greve et le met en son celier, quant il le revent il doit 1 den. de tonliu de chascun mui.«

Dies alles entspricht genau unseren früheren Darlegungen (Seite 48).

Zu diesen eigentlichen Zöllen, dem Conduit und tonlieu, die uns nichts neues bieten, treten nun für den Weinhandel insbesondere noch die Abgaben des Chantelage und des Rouage; ersteres lässt sich etwa mit Zapfengeld, letzteres mit Rollgeld übersetzen.

---

¹¹⁹) Ueber das Muid und andere Maasse vgl. Delamarre, Traité de la Police Ausg. Amsterdam 1725, Band IV S. 685.

Das Chantelage trifft einen Vorgang des Wein-
handels, der durch den tonlieu nicht getroffen werden konnte:
nämlich den Weiterverkauf îm Innern der Stadt. Wenn ein
Pariser Bürger nicht im Port de Greve, sondern in der Stadt
selber Wein kaufte, und ihn dann weiterverkaufte, sei es im
Kleinen oder im Grossen, so zahlte er das Chantelage. Wer
das Bürgerrecht nicht hatte, der zahlte beim Verkauf das
Zapfengeld unbedingt, gleichviel ob er den Wein von draussen
eingeführt, oder im Innern der Stadt gekauft hatte.

Nichts ist bezeichnender für die Rechtsanschauungen
jener Zeit, als dass man es für nöthig hielt, dem Chantelage
eine besondere Begründung beizugeben, Die Abgabe wird
an einen bestimmten Vorgang geknüpft, und dieser wiederum
wird mit einem bestimmten Recht verbunden, mit dem
Zapfenrecht, das auf einem anerkannten Rechte, dem
droit de banvin beruht.

Das Bedürfniss einer solchen Begründung ist so charakteristisch für das Rechtsbewusstsein und die Rechtsnormen
jenes Zeitalters, dass ich den Artikel in einer Uebersetzung
hier einfüge; er lautet:

‹Chantelage (Zapfengeld) ist ein Herkommen, vor Zeiten
gesetzt, durch das bestimmt wurde, es solle allen denen, die
das Zapfengeld zahlen, verstattet sein, den Zapfen von ihren
Fässern zu nehmen und den Wein abzuziehen. und weil
man annahm, wer in Paris in der Stadt selber Wein kaufe,
der thue es, um ihn weiter zu verkaufen; und wenn er ihn
verkauft habe, so wolle dann gewiss der Käufer den Zapfen
herausnehmen und den Wein abziehen — deshalb wurde
das Zapfengeld für die Bürger und Einwohner von Paris
angesetzt.›

Die letzte unter den hierher gehörigen Einzelabgaben
ist das Rouage [119]), eine Transportabgabe, die wiederum für
bestimmte Fälle aufgelegt war (Titel 6). Diese besondern
Fälle im einzelnen aufzuzählen, können wir uns ersparen;
die Abgabe lässt sich auf andere Weise besser kennzeichnen:
das Rouage hat ersichtlich den Zweck, die Lücken zu

---

[119]) Ein Roage wird bei Brüssel a a. O. I. S. 42, Rotaticus bei
Brunner a. a. O. I S. 139 erwähnt, jedoch nicht als Weinzoll.

schliessen, die nach den zuvor besprochenen Abgaben in der Besteuerung der Weinbewegung noch vorhanden sein konnten. Gegenüber diesen andern Abgaben wirkte das Rouage im einzelnen Falle theils ergänzend, theils auch cumulirend. Ueberblicken wir nun diese recht verwickelte Weinbesteuerung als Ganzes, so zeigt sich das Bestreben, den Weinhandel in allen seinen Combinationen zu verfolgen und jeden Vorgang im einzelnen zu besteuern. Aber auch n u r d e n H a n d e l — der eigene Verbrauch ist frei. Das Steuerrecht hat noch einen langen Weg zurückzulegen, ehe es das Object selber fassen kann, gleichviel bei wem es sich befindet.

Wir mussten diese Darstellung der Zölle auf breiter Grundlage aufbauen; denn nur so liess sich aus der weitläufigen, systemlosen Anordnung des Livre des metiers eine Uebersicht gewinnen; nur so konnten wir durch Vergleichung zerstreuter Paragraphen das gemeinsame Princip entwickeln.

Auch das dreizehnte Jahrhundert hat seine Steuern nicht aus dem Ursprünglichen geformt; es empfing sie als Herkommen, als Ueberlieferung, durch den Lauf der Zeiten schon vielfach umgestaltet. Die erste Aufzeichnung ist es, die wir vor uns haben, nicht aber die erste Form; d e r e n Umrisse sind bereits verwachsen und verdeckt. Es erschien deshalb kein undankbares Unternehmen, aus diesem vielverschlungenen Rankwerk die alten, einfacheren Grundgedanken herauszulesen.

4. Der Wachtdienst.

Wir kommen jetzt zu der letzten der von dem Gewerbe zu tragenden Lasten; es ist dies der Guet, der Wachtdienst.

Ueber die Entwicklung des Guet in der Zeit, die der Abfassung des Livre des métiers voraufging, lässt sich wenig Zuverlässiges ermitteln [120]). Die Verpflichtung der Gewerbe

---

[120]) Zu verweisen ist hier auf Felibien, Histoire de Paris a. a. O. Bd. I, S. 345. De la Mare, a. a. O. I. 220. Encycl. Méthod Jurispr. Bd. IV, S. 826.

zum Wachtdienst ist uns schon einmal begegnet — in der Urkunde Ludwig VII vom Jahre 1160 (S 8). Auch in dem Livre des métiers selbst wird dem Wachtdienst einmal ein sehr hohes Alter zugeschrieben: Die Steinmetzen führen ihre Befreiung von dieser Pflicht bis auf Karl Martel zurück[121].

Aus den Bestimmungen einiger Zunftstatute geht indess hervor, dass der Wachtdienst, wie ihn das Livre des métiers kennt, einer Reorganisation entstammt, die um das Jahr 1255 vorgenommen wurde. Nach Felibien's Histoire de Paris sollen sich, wegen der allgemeinen Unsicherheit, die damals in Paris herrschte, die Zünfte im Jahre 1254 freiwillig erboten haben, einen Wachtdienst zu bilden. Nach den Zunftstatuten selbst kann von solcher Freiwilligkeit nicht die Rede s in. Der Vermerk über die Wachtpflicht lautet stets: les (z. B. Serruriers) doivent le guet.

Von besonderer Bedeutung hiefür sind die Angaben der Goldblattschläger, «dass man sie erst seit zwanzig Jahren zum Wachtdienst gezwungen habe[122]»); und der Steinschneider, die sich über das Wachtgeld beschweren, «dessen Zahlung ihnen erst seit dem Kreuzzug König Ludwigs (d. i. 1248, erster Kreuzzug Ludwig IX) auferlegt werden sei»[123]).

Diese Einsprüche, und eine Anzahl ähnlicher, bestätigen, dass um das Jahr 1255 eine Reorganisation des Wachtdienstes stattgefunden hat, die einer völligen Neubildung gleichkommt, und die grundsätzlich die allgemeine Wachtpflicht für die Pariser Zünfte einführte.

Die Zunftwache hiess Guet des métiers, zum Unterschied von der besoldeten Königswache, dem Guet Royal. Der Wachtdienst dauerte von Sonnenuntergang bis Sonnenaufgang. Die Zunftwachtleute hatten einen festen Stand inne, an bestimmten Posten, die ihnen der königliche Wachtmeister, der Chevalier du Guet, anwies. Daher nannte man die Zunftwache den Guet assis. Die Königswache dagegen, von der ein Theil beritten war, patroullirte in den Strassen.

Die Verpflichtung der Zünfte zum Wachtdienst kann als eine allgemeine bezeichnet werden; nur wenige vornehme und angesehene Gewerke erklären sich im Livre des métiers

[121]) Tit. 58, Art. 22.   [122]) Titel 33, Art. 7.   [123]) Titel 30, Art. 14.

für befreit [124]). Den Zunftgeschworenen dagegen wurde — wie bereits S. 28 erwähnt — während ihrer Amtszeit der Wachtdienst erlassen pour la poinne (peine) et le travail que il ont de garder le mestier le Roy.

Der Dienst wurde von den Zünften in einer vorgeschriebenen Folge geleistet; die Reihe traf einen jeden Meister etwa alle drei Wochen. Unentschuldigtes Ausbleiben der Pflichtigen wurde streng bestraft. Als rechtmässige Befreiungsgründe galten: wenn der Meister krank war, wenn er sich hatte zur Ader schlagen lassen, und wenn seine Frau in den Wochen lag. Die Wachtpflicht der Meister endete erst mit zurückgelegtem sechszigstem Lebensjahr.

Die Zunftwache hat noch durch mehr als zwei Jahrhunderte bestanden; die Aufhebung erfolgte im Jahre 1502 [125]).

Hiermit schliesst die Liste der Abgaben und Dienste, die dem Gewerbe zur Zeit des Livre des métiers aufgelegt waren. Es sind dies die Lasten, die das Gewerbe als solches zu tragen hatte, und deren Besprechung eigentlich allein zu unsrer Aufgabe gehört. Neben diesen gewerblichen bestehen indess noch die gemeinen bürgerlichen Lasten, denen jeder Unterthan unterworfen war, und es mag für den Gang unsrer Darstellung nicht ohne Interesse sein, auch auf diese einen Blick zu werfen.

Man nennt diese Lasten feudale, weil sie einer Zeit angehören, in welcher der Grund und Boden meist lehenmässig besessen wurde, und in welcher das Lehensverhältniss die meisten privaten und öffentlich-rechtlichen Beziehungen bestimmte. Zu den feudalen Lasten [126]) gehören die Mutationsgebühren, mit denen Kauf, Verkauf und Vererbung des Bodens beschwert war; auch der Zins wird öfter hierher-

---

[124]) unter ihnen die Goldschmiede, Holzschnitzer, Armbruster, Waffenschmiede. Vergl. hierüber den Abschnitt «Le Guet ou Garde de Nuit» in Lespinasse und Bonnardot's Ausgabe des Livre des Métiers, ferner die Uebersicht in der Table Alphabétique ders. Ausgabe S. 416 s. v. Guet.

[125]) Encycl. Méthod. Jurisprud. Bd. IV, S. 827.

[126]) Vergl. hierzu meine demnächst erscheinende «Landesverwaltung und Finanzwesen Frankreichs im 18. Jahrhundert» III. Buch die grundherrlichen Lasten.

gerechnet, obgleich er keineswegs eine lehenmässige Abgabe war [127]). Vor allem aber gehören hierher die Schatzungen, die das französische Feudalrecht mit taille bezeichnet.

Das Livre des métiers erwähnt diese Steuerpflicht in den Zunftstatuten mit den stets gleichlautenden Worten: «Li (z. B. Fevres-Couteliers) doivent la taille et les autres redevances que li autre bourgois de Paris doivent au Roy.»

Solcher Schatzungen gab es in Paris zu jener Zeit zwei: Die Steuer, die schlechthin «la taille» genannt wurde, und von der wir eine genaue Aufzeichnung in dem von Géraud herausgegebenen Livre de la taille de 1292 besitzen [128]), und eine zweite, welche die «Taille du pain et du vin» hiess. Ueber beide mögen hier einige kurze Bemerkungen folgen; zunächst über die erstgenannte «taille».

Es ist eine irrthümliche Annahme, die sich noch in neueren Schriften findet, dass die taille des dreizehnten Jahrhunderts eine regelmässige Steuer gewesen sei. Eine solche ist die taille erst im fünfzehnten Jahrhundert durch die Militärreform Karl VII, oder — wenn man das gleichartige Fouage (S. 80) hierher rechnet — seit Mitte des vierzehnten Jahrhunderts geworden. Bis dahin war die Taille lediglich eine feudale Abgabe, die in gewissen, durch Herkommen festgesetzten Fällen erhoben wurde. Diese Fälle waren die bekannten quatre cas: Rançon (Lösegeld des in Gefangenschaft gerathenen Grundherrn), Chevalerie (Ritterschlag des ältesten Sohnes), Mariage (Ausstattung der Tochter), Voyage d'outremer (Kreuzzug oder Wallfahrt nach dem heiligen Lande). Auch sonst wurde dem Herrn wohl in Nothfällen eine Beisteuer bewilligt, aber eine regelmässige Steuer war diese grundherrliche Taille nicht; mit der späteren Staatssteuer, der Taille royale, hat sie nur den Namen gemein.

Géraud hebt auch in den Erläuterungen zu seiner Ausgabe des Livre de la Taille klar hervor, dass die Taille von

[127]) «Non est verum feudum de quo census annuus praestatur» ist lehenrechtlicher Grundsatz. Ich verweise hier der Kürze halber nur auf Champonnière, Propriéte des eaux courantes Paris 1846.
[128]) Collection de Documents inédits Paris sous Philippe le Bel. Le livre de la taille de 1192 publié par Géraud, Paris 1837.

1292 nur eine aussergewöhnliche Schatzung gewesen ist: «En 1292 la taille n'étoit encore qu'un impôt accidentel qui se levoit à des époques indéterminées» [129]). Das Titelblatt des Rôle de la Taille von 1292 fehlt [130]); von der im Jahre 1313 erhobenen ist es dagegen erhalten und lautet:

«C'est le livre de la taille de 10 mille livres deus [131]) au Roy nostre Sires, pour la chevalerie le Roy de Navarre, son ains-né [132]) fils, assise etc. etc.»

Die taille, die wir im Livre des métiers erwähnt finden, ist also keine regelmässige Steuer, sondern eine Schatzung, die in bestimmten Bedarfsfällen von den Unterthanen erhoben wurde.

Die regelmässig erhobene Taille führt im Feudalrecht stets einen Beinamen; hier heisst sie «Taille du Pain et du vin». Diese Abgabe wurde jedes dritte Jahr eingefordert.

Ueber ihren Ursprung spricht Ducange s. v. tallia panis et vini die auf eine Urkunde vom Jahre 1320 gegründete Vermuthung aus, dass diese Abgabe von den Unterthanen gezahlt worden sei, damit der König keine Münzverschlechterung vornehme (ne monetas immutaret). Die Annahme ist richtig, und wir sind noch in der Lage, sie durch eine weit ältere Urkunde sicher zu stellen, die bei Ducange nicht berücksichtigt ist. Es ist dies ein Privileg Ludwig VII vom Jahre 1137 für die Stadt Orleans, in dessen Artikel 1 und 2 der König sagt:

«1. La Monaie d'Orleans qui en la mort nostre Pere durait et courait, en trestoute nostre vie ne muera, ne ne ferons que elle soit muée ne changiée.

2. Ou [133]) tiers an par la raançon de celle monaye, de chacun muy de vin et de blé de Yver [134]) deux deniers et de chacun mui de Marcesche, d'avoine ou d'autre blé de mars, un denier, aussint comme l'en fesait ou tans [135]) nostre Pere prendrons [136]).»

Ludwig VII bestimmt hiernach, dass er die Münze auf

[129]) Géraud a a. O. S. 356, vergl. hierzu noch S. 554 und Einleitung S. 3 und 7.

[130]) Géraud a. a. O. Einleitung S. 3.   [131]) dûs.   [132]) ainé.

[133]) au   [134]) hiver.   [135]) au temps   [136]) C. d. L. XI. S. 188.

dem alten Fuss belassen, und dafür jedes dritte Jahr eine Abgabe von Wein und Getreide erheben werde.

Wir wollen indess annehmen, dass der grosse Münzreformator Philipp IV von diesem Zusammenhang nichts wusste, und dass er deshalb seine taille du pain et du vin ruhig und ohne Gewissensbisse einstrich.

In zwei Abschnitten haben wir nunmehr die öffentlichrechtliche Stellung der Zünfte nach dem Livre des métiers betrachtet; zuerst nach dem Gewerberecht und alsdann nach der Besteuerung. Die Vorschriften über den Betrieb und die Eintheilung der Arbeit zu schildern, gehört nicht zu unsrer Aufgabe; wohl aber mögen wir abschliessend einen Ueberblick des inneren Zunft-Organismus geben, wie er sich nach den Statuten, die Etienne Boileau aufzeichnete, uns darbietet.

Die Pariser Zünfte hatten keinen Antheil an der Geschäftsführung des Staats oder der Gemeinde. Keine Stadtbehörde ging aus ihnen hervor, keine Rathsstelle wurde von ihnen besetzt; der Glanz des deutschen Zunftwesens fehlt ihnen; sie hatten keine politischen Rechte.

Dagegen besitzen sie die weiteste Selbstverwaltung in allen Angelegenheiten ihres Gewerbes. Das alte Magisterium hat seinen Inhalt völlig verloren; aus der Zunft selbst geht eine Behörde hervor, die Zunftgeschworenen, die das Gewerbe im Innern wie nach Aussen beaufsichtigen und leiten. Us et coutumes, Brauch und Herkommen, nennen sie ihre geschriebenen und überlieferten Gesetze, die das Handwerk regieren.

Eine ernste, straffe Zucht geht durch all' diese Bestimmungen. Zunächst war eine lange Lehrzeit festgesetzt, die nach Vorschrift abgedient werden musste. Mit peinlicher Genauigkeit wachte die Zunft über das Lehrlingswesen, und schon hier sind alle Maassregeln getroffen, um minderwerthige Arbeiter fernzuhalten. Die Zahl der Lehrlinge, die der Meister annehmen durfte, war fast stets auf einen oder zwei beschränkt. Der Lehrvertrag wurde in Gegenwart der Geschworenen vereinbart; er unterlag ihrer Prüfung beim

Abschluss, ihrer Aufsicht während seiner Dauer. Selbst das
Recht, Lehrlinge zu halten, war nochmals mit wohlerwogenen
Schranken umgeben; denn wem die Ausbildung künftiger
Meister anvertraut war, der sollte jede Bürgschaft seiner Zu-
verlässigkeit bieten [137]. Wenn somit dem Lehrling eine lange
Dienstzeit auferlegt wurde, so war dafür gesorgt, dass
er sie nicht in schlechten Händen, noch ohne Nutzen verbringe.

Nach vollendeter Lehrzeit und erfolgter Lossprechung
stand es dem Handwerker allgemein frei, sich um die selbstständige Ausübung seines Betriebes zu bewerben [138]. Ueber
seine Zulassung bestimmte ausschliesslich die Zunft. Sie
prüfte den neuen Meister auf seine Kenntnisse, auf seine
Ehrenhaftigkeit und auf seine Mittel, ob er geeignet und
tüchtig sei, ein Zunftgenosse zu werden.

War der neue Meister in Allem für rechtschaffen be-
funden, so musste er die Statuten beschwören. Mit diesem
Eid begab sich der Meister der ungebundenen Freiheit des
Handelns; er trat unter die Aufsicht der Zunftgeschworenen,
die seinen Betrieb überwachten, nnd durch Rüge und Strafe
auf rechtes Handwerk hielten; und wie die Lehrzeit, so
stand auch die Meisterschaft völlig unter den Gesetzen der Zunft.

Bei ihr aber fand nun auch der Handwerker seinen
Schutz, sein Recht, seine Ehre. Er sonderte sich ab von der
Masse, er hatte seinen Stand; und die Erhaltung dieses
Standes in tüchtiger Unabhängigkeit bildete die vornehmste
Sorge der Zunft.

Dem Aufkauf setzte die Zunft das droit de part, das
Theilungsrecht entgegen. Ein jeder Meister konnte darnach
verlangen, an dem Handel, den sein Zunftgenosse abschloss,
zu gleichen Bedingungen Theil zu nehmen. So war der
ärmere Meister dem reichsten gleichgestellt und weder Vortheil noch Theuerung konnten einseitig treffen [139].

---

[137] Nus ne doit prendre aprentis, se il n'est si saige (sage) et si
riches que ille puist aprendre et gouverner et maintenir son terme par
quoi li enfens perde son temps. Tit 21 Art. 7. Nus ne puet prendre
aprentis s'il n'a tenu le mestier an et jour Tit. 87 Art 11 Bestimmungen
dieser Art finden sich in grosser Zahl.
[138] Eine Ausnahme bildet Tit. 60 Art. 4.
[139] Vgl. hauptsächlich Tit. 76 Art. 21, Tit. 17 Art. 5 und 6, ferner
Tit. 76 Art. 29, Titel 1 Art. 57, Tit. 58 Art. 6.

Die Selbstständigkeit des einzelnen Meisters sollte gewahrt und erhalten werden. Alliance et Compagnie, Abreden und Verbindungen waren untersagt, damit keine Uebermacht im Gewerbe entstehe und die selbstständigen Betriebe erdrücke [140]).

Was sonst die Zunft für ihre Genossen that, was sie an Werken des Gemeinsinns und der Mildthätigkeit leistete, das zu erwähnen gehört nicht zu unserer Aufgabe. Wir wollten nur in knappen Umrissen den innern Aufbau der Zunft vorführen; er war fest ineinandergefügt in allen Theilen und blieb so auf lange hinaus fähig, die breite Stellung zu tragen, welche die Zunft im öffentlichen Leben einnahm. —

Unsre Darstellung zeigte uns die Pariser Zünfte im Jahre 1270 als die Träger wesentlichster Befugnisse auf allen Gebieten des Gewerberechts. Ein Maass organisirter Selbstverwaltung tritt uns entgegen, das den Handwerker mit Stolz und Schaffensfreude erfüllen mochte. Es ist die junge kräftige Freiheit, die das Affranchissement des zwölften Jahrhunderts gebracht hatte; eine Freiheit, die das Königthum den Bürgern willig gönnte und durch das Werk seines wackern Prévôt unterstützte; denn sie gereichte allen zum Vortheil und Niemanden zum Schaden. Die Zunft hatte den Missbrauch ihrer Rechte noch nicht gelernt.

Wenn wir hier die Schilderung der Zünfte nach dem Livre des métiers schliessen, so ist es mit den Worten, deren Gegensatz uns spätere Jahrhunderte zeigen werden: Das Ge werberecht jener Zeit ist in allen wesentlichen Theilen Zunftrecht.

[140]) Doi (deux) Mestre du mestier ne pluseur ne purent estre compaignon ensemble en un ostel Tit. 53 Art 15. Vgl. ferner Tit. 10 Art. 10, Tit. 50 Art. 35.

II. Abschnitt
Von 1268 bis zum Ende der Regierung Karl VI (1422).

Ueber das Gewerbewesen des dreizehnten Jahrhunderts ausserhalb von Paris steht mir bei Abfassung dieser Studie nur sehr spärliches Material zu Gebote. In der Hauptsache beschränkt es sich auf das Glossarium von Ducange, aus dessen Citaten s. v. Ghilda, Opifices, Ministerium u. a. m. sich eine Reihe von Angaben zusammenstellen liesse. Zu erwähnen wäre ferner noch Chéruel's Histoire de Rouen, in der sich einige Mittheilungen über den frühesten Stand des Zunftwesens nach dem dortigen, normännischen Recht finden. Thierry's Histoire de la ville d'Amiens enthält aus dem dreizehnten Jahrhundert nur drei Schriftstücke über das Gewerbewesen, zwei Statuten und ein Reglement [1]).

Wenn ich diese und einige andere zerstreute Züge hier zusammentragen wollte, so würden sie ein unvollständiges und darum falsches Bild ergeben. Ich muss desshalb vorläufig hier eine Lücke bestehen lassen, deren Ausfüllung späterer Ausarbeitung vorbehalten bleibt. [2]) --

Dagegen möchte ich hier einige Bemerkungen einfügen über den Umstand, dass die späterhin so reichlich fliessende Quelle der königlichen Ordonnanzen uns für die gewerbliche Organisation bis zum Ende des dreizehnten und zur Mitte des vierzehnten Jahrhunderts nur die spärlichste Ausbeute liefert.

Die hierher gehörigen königlichen Acte zerfallen in zwei Kategorien:

I. In Bestätigungen von Privilegien und Statuten, und

II. in allgemeine Erlasse über das Gewerbewesen.

I. Was die erste Kategorie anbelangt, so finden wir zu jener Zeit nur in den seltensten Fällen Zunftstatuten, die der König selber privilegiert; in der Regel geschieht dies seitens der lokalen Behörden; deren Acte aber sind, wenn sie nicht

---

[1]) Monuments inédits de l'Histoire du Tiers Etat, Histoire de la Ville d'Amiens Paris 1850. Bd I S. 225 und 242 und 253.

[2]) Ich verweise inzwischen auf Hippolyte Blanc, Bibliographie des Corporations ouvrières avant 1789, sowie auf die Litteraturangaben in der Grand Encyclopedie s. v. Corporation Bd. XII, S. 1031.

königliche Unterschrift tragen, in dem Ordonnanzwerk nicht aufgenommen.

Ich habe schon zuvor (S. 18) darauf hingewiesen, dass das Livre des métiers nicht vom König selbst, sondern vom königlichen Prévôt mit Rechtskraft verkündet wurde. Dieser Vorgang bildete damals die Regel. Nur in einzelnen Fällen empfing eine reiche und stark bevorrechtete Zunft, wie die der Fleischhauer, ihr Privileg unmittelbar vom König. Die Erwirkung eines solchen königlichen Privilegs war mit hohen Kosten verknüpft; die Zünfte mochten deshalb, so lange sie dadurch genügend geschützt waren, es bei der Sanction durch die Ortsbehörden bewenden lassen.

Die königlichen Bestätigungen häufen sich erst seit Ende des vierzehnten und besonders im fünfzehnten Jahrhundert.

· 2. Was nun die zweite Kategorie königlicher Akte betrifft — die allgemeinen Erlasse über das Gewerbewesen — so ist hier zu bemerken, dass die erste derartige Verfügung erst im Jahre 1350 ergangen ist. Vor diesem Jahre hat überhaupt keine allgemeine Regelung dieser Materie durch königliches Edict stattgefunden.

Ich glaubte, diese Bemerkungen hier einflechten zu sollen; denn gerade das Auftreten königlicher Acte ist ein Symptom, das den späteren Umschwung im Zunftrecht auch äusserlich erkennen lässt. —

Wir knüpfen nunmehr an die S. 59 unterbrochene Darstellung wieder an. Das Register Etienne Boileau's umfasste (wie Seite 18 bemerkt) nicht alle damals in Paris bestehenden Zünfte; unter seinen Nachfolgern liessen noch einzelne Zünfte ihre Statuten eintragen, einige andere gaben Statutenänderungen zu Protokoll, denen wir indess nichts von Belang zu entnehmen haben [3]).

Auch, unter Philipp IV. trat in der Stellung der Gewerbe keine grundsätzliche Aenderung ein. Von einzelnen Verfügungen des Königs kommt hier eine Verordnung in Be-

---

[3]) Zu erwähnen wäre etwa, dass die Lormiers (S. 361 der Depping' schen Ausgabe) und Fourbeurs (S. 365), die bis dahin freie Gewerbe waren, in den veränderten Statuten zu den kaufpflichtigen gezählt werden.

tracht, welche die Beschränkungen in der Zahl der Lehrlinge, die jeder Meister halten durfte, aufhob;[1] diese Bestimmung ist indess zu keiner praktischen Bedeutung gelangt.

Wo der Zunftneid die fremden Handwerker, die ihre Waren nach Paris zum Verkauf brachten, zu beschweren suchte, trat der König solchen Ansprüchen entgegen. Zwei Verfügungen die aus solchen Ursachen ergiengen, sind uns erhalten.

Die erste, vom Jahre 130?, war durch einen Streit im Schwertfeger-Gewerbe, zwischen der Pariser Zunft und den auswärtigen Handwerkern, veranlasst. Der König entschied zu Gunsten der fremden Handwerker und verordnete, dass dieselben ihre Waren auch fernerhin unbehindert nach Paris zu Markte bringen dürfen «sicut ceteris foraneis mercatoribus licebat.» [5]

Die Pariser Bäckerzunft gründete auf ein Privileg Philipp August's ihren Anspruch, dass fremde Bäcker nur am Samstag (Markttag) in Paris Brod verkaufen dürfen[6]). Philipp IV hob dies Vorrecht auf durch die Bäckerordnung vom Jahre 1305, deren Artikel 3 bestimmt:

«Nous ordenons et voulons que tous les jours de la sepmaine quiconque vouldra, puisse à Paris apporter pain et blé et toutes autres vitailles et vivres à vendre seurement et paisiblement.»

Dass Paris bereits im dreizehnten Jahrhundert einen ausgedehnten Fernverkehr besass, haben wir schon S. 44 bemerkt. Wir sehen hier, dass die Könige frühzeitig Anlass nahmen, diesen Verkehr zu erhalten und die fremden Handwerker und Händler gegen Uebergriffe der heimischen Zünfte zu schützen.

An dem Zunftrecht selbst hat Philipp IV nichts geändert; er liess es ungemindert bestehen. Des Königs gewissenlose Politik war vor Allen der Feudalität feindlich; dem Bürger aber im Ganzen stets günstig. Auch die Zünfte bekamen oft die harte Hand des Königs zu spüren, und Steuerdruck und

[1] Depping Einleitung S. 84 und Fagniez a. a. O. S. 60.
[5] Depping a. a. O. S. 259 Anm.
[6] Livre des métiers Buch 1 Tit. 1 Art. 53.

Münzveränderung trieb sie mitunter zu offnem Aufruhr[7]); aber ihre Verfassung und ihre Rechte blieben unangetastet. Dem gesammten Bürgerstand brachte jene Zeit einen sichtbaren Zuwachs an Ansehen und innerer Kraft.

Anfechtbar gewiss waren oft die Mittel, mit denen Philipp IV seine Ziele verfolgte; doch er festigte die königliche Macht auf allen Gebieten der Landesverwaltung und befreite sie von den schlimmsten Fesseln des Feudalverbandes. Den städtischen Bürger aber berief er zu einer neuen Stellung; er reihte ihn als dritten Stand zu den Generalstaaten des Reichs. So mag auch von diesem König das Wort Lorenz von Stein's gelten: dass sich wieder einmal das Maass der Freiheit des Volkes als das Maass der Macht seiner Könige zu zeigen begann.

Nach dem raschen Hinsterben der drei Söhne Philipp IV bestieg im Jahre 1328 Philipp von Valois den Thron; unter seiner Regierung beginnt der Krieg mit England, der sich von Waffenstillständen unterbrochen bis in die Regierung Karl VII hineinzog.

Dieser hundertjährige Zeitraum war viel zu sehr von den gewaltigen Ereignissen der Geschichte beherrscht, als dass auf dem Gebiet des Gewerbewesens ein stetes Vorschreiten möglich gewesen wäre. Von einer einheitlichen Fortentwicklung kann während dieser ganzen Zeit nicht gesprochen werden. Die Schicksale des Krieges, der Wechsel der Regenten greifen jetzt bestimmend ein. Nur selten wird dem Lande die Ruhe eines Waffenstillstandes zu theil, am längsten unter der Regierung Karl V; doch um so schlimmer ist die Zeit Karl VI, die ihm folgt. Und wenn diese ganze Periode nirgends einen einheitlichen Zug aufweisst, so hat doch ihr Endergebniss schliesslich einem einzigen Prinzip gedient: die unumschränkte Gewalt, die Philipp IV einst gegen die Feudalität begründet hatte, wurde von neuem gestärkt; diesmal aber durch Niederwerfung des Bürgerstandes. —

Wir gehen nunmehr dazu über, die einzelnen Epochen zu schildern, und die Vorgänge, die unserm Gegenstande angehören, hervorzuheben.

---

[7]) Ueber die Finanzforderungen Philipp IV und seiner Söhne vgl. V u i t r y, Etudes sur le Régime financier de France Nouvelle Série Bd. I 145 ff.

Das erste Regierungsjahr des König Johann, der im August 1350 Philipp IV nachfolgte, brachte ein grundlegendes Edict für die innere Verwaltung; es ist die am 30. Januar 1350 (1351) erlassene Ordonnance concernant la police du Royaume; ein umfangreiches Gesetz, das in 252 Paragraphen die Strassen- und Marktpolizei für Paris behandelt.

Die Ordonnanz ist ein administrativer Act von hervorragender Bedeutung, dessen Verdienste auch die späteren Zeiten stets anerkannt haben[8]). Aus diesem umfassenden Gesetz kommen indess für uns nur diejenigen Bestimmungen in Betracht, die von der Gewerbeorganisation handeln.

Ueber die äusseren Umstände, unter denen das Gesetz erlassen wurde, ist zu bemerken, dass im Jahre 1348 im Gefolge des Krieges die Pest nach Frankreich gekommen war und in Paris die traurigsten Verheerungen angerichtet hatte. Das grosse Sterben, la mortalité wie es die Ordonnanz nennt, hatte die Bevölkerung in Schaaren weggerafft. Die Ordonnanz stellt sich nun vor Allem und in der Hauptsache die Aufgabe, der Theuerung, die nach dem Erlöschen der Seuche entstanden war, entgegen zu wirken.

An Arbeitern herrschte Mangel, und die Löhne waren ausserordentlich gestiegen. Der König hielt es deshalb für nothwendig, die Löhne, wo es anging, zu tarifiren[9]); wo dies nicht thunlich war, wird bestimmt, dass kein Arbeiter mehr fordern oder nehmen dürfe, als ein Drittel über den Lohn, der in der Zeit vor dem grossen Sterben gezahlt wurde.[10])

Auch die Zufuhren von ausserhalb waren ins Stocken gerathen, und die Folge davon war eine allgemeine Steigerung der Waaren und Lebensmittel. Die Ordonnanz setzt dem gegenüber einzelne Preistaxen fest, und schreibt im übrigen allgemein vor, dass Kaufleute und Händler auf die von ihnen verkauften Waaren keinen höheren Nutzen als 2 sols auf das Livre (das ist 10 %) nehmen dürfen; »und das sollen sie schwören zu halten, und wo einer zuwiederhandelt, der soll

---

[8]) Cette ordonnance est le type de tous les règlements de police qui régissent la ville de Paris, bemerkt Isambert in einer Anmerkung seiner Gesetzsammlung (Bd. IV S. 574).
[9]) Vignerons Titel 16, Soyeurs de grains Tit. 17, charretiers Tit. 27, u. a. m. [10]) Titel 58 und mehrf. pass.

seiner Waare verlustig gehen und zudem eine Busse zahlen nach Willkür. [11]). Diese Vorschrift findet sich unzählige Male wiederholt.

Diese Preis- und Gewinntaxen nehmen in dem auf die Gewerbe bezüglichen Theil der Ordonnanz den breitesten Raum ein. Die Taxen haben an sich nichts befremdliches; sie gehören zu den administrativen Mitteln jener Zeit und ihre Anwendung in dem hier beliebten, ungewöhnlichen Umfange erscheint durch die damaligen Ausnahmezustände gerechtfertigt und erklärt [12]).

Die Vorschriften über den Betrieb der einzelnen Gewerke zeigen keine eigentlich neuen Gesichtspunkte. Die Bestimmungen bemühen sich redlich, die Scheidelinie zwischen verwandten Betrieben sorgfältig und eingehend zu bezeichnen. Vielfach finden sich Ermahnungen an Gewerbetreibende, sich genau innerhalb der ihnen zugewiesenen Grenzen zu halten und sich durchaus keiner fremden Handtierung anzumaassen. Jeder Uebergriff in das einer andern Zunft zugetheilte Arbeitsgebiet ist unter hohe Strafen gestellt [13]).

Für das Lehrlingswesen werden die Erleichterungen bestätigt, die Philipp IV (S. 64) verfügt hatte: die Zahl der Lehrlinge, die jeder Meister halten durfte, soll keinen Beschränkungen unterworfen sein [14]).

Das Institut der Zunftgeschwornen zeigt sich gegenüber dem Livre des métiers nicht verändert. Das Gesetz verlangt, dass in allen Handwerksbetrieben Visitationen stattfinden; ebenso sollen alle Waaren, die von Fremden nach Paris zum Verkauf gebracht werden, auf ihre Güte und Brauchbarkeit genau untersucht werden. Die fremden Kaufleute und Handwerker werden, wie bereits unter Philipp IV (s. S. 64) in

---

[11]) Titel 55 und mehrf. pass.

[12]) Gewinnbeschränkungen werden auch in ganz normalen Zeiten durch Gesetz vorgeschrieben. So heisst es in den Privilegien der Stadt Marziac vom Jahre 1298 C. d. L Bd. XII S. 311: Et lucrentur carnefices in uno quoque solido unum denarium currentis monetae. — Quilibet pistor lucretur in unoquoque sextario frumenti quatuor denarios.

[13]) Tit 14 von Courroyeurs, Boudroyers, Tanneurs, Cordonniers Savetiers. Titel 13 und Titel 56 von Courtiers.

[14]) Tit. 52 Art. 229 und mehrf. pass.

dem Recht bestätigt, unter Einhaltung der polizeilichen Vorschriften in Paris Handel zu treiben [15]).

Die Ordonnanz von 1350 ist das erste vom König selber
emanirte Gesetz, das eine allgemeine Regelung des Gewerbewesens unternimmt; sie ist deshalb schon darum bemerkenswerth, weil sie Zeugniss dafür ablegt, wie das Königthum
im vierzehnten Jahrhundert begann, die innere Verwaltung
auszubilden. Auf dem Gebiet des Gewerberechts musste die
Entwicklung mit Nothwendigkeit zu dem d r o i t d o m a n i a l
führen, dem Kronrecht, das den Gegensatz zu dem particu-
laren Recht bezeichnet. Die Ordonnanz des Königs Johann
ist der erste bewusste Schritt auf diesem Wege.

Aus jener unruhigen Zeit wäre hier noch das im
Jahre 1351 bestätigte Statut der Schneiderzunft von Mont-
pellier zu erwähnen [16]). Es ist eines der wenigen Statuten,
die in jener Zeit der königlichen Sanction gebracht wurden. Die
Form der Vereinbarung des Statuts ist die alte, die wir bereits
kennen: Die Zunft erscheint vor der Stadtbehörde (hier Consules
genannt) und lässt ihr Statut aufzeichnen; alsdann wird es
der königlichen Bestätigung unterbreitet. Der Inhalt des Statuts
giebt einige bemerkenswerthe Aufschlüsse über den Handwerksbetrieb und die Zunfteinrichtungen, auf die wir hier
nicht näher eingehen. —

Die Erneuerung des Krieges mit England und die un-
glückliche Schlacht bei Poitiers überlieferten das Land bald
einer völligen Zerrüttung. Das Volk sah die Unfähigkeit der
Regierenden, den Staat zu halten und zu schützen, täglich
vor Augen; so brach denn der Aufruhr im Innern los gegen
die Herrschenden, gegen Adel und König. Der Bauer erhob
sich gegen seinen Herrn, der ihn schutzlos dem Krieg und
der Kriegsnoth preisgab, und ihn noch mit unerträglichen
Steuern drückte; der Aufstand der Jaquerie wälzte sich durch
das Land. Dem organisirten städtischen Bürger aber, der auf
den Ständetagen seine Macht hatte kennen lernen, schien
die Zeit gekommen, dass er in das zerfahrene Regiment ein-
greife. Geführt wurde der dritte Stand in diesem Unternehmen
von Bischof Lecoq von Laon und von Etienne Marcel, dem

---

[15]) Tit. 15 am Schluss und Tit. 51.   [16]) C. d. L. Bd. II S. 468.

Prévôt des Marchands von Paris. Auch die Zünfte wurden in die städtische Bewegung hineingerissen, die bald eine schlimme Wendung nahm.

Im Jahre 1358 war der Widerstand sowohl in den Städten wie auf dem Lande gebrochen. Den bezwungenen Aufrührern wurde zunächst übel mitgespielt; dann aber erging, noch im Jahre 1358, eine allgemeine Amnestie für die Städte [17]. — Die ruhelose Zeit Johann II endete mit dem Jahre 1364; der König starb als Gefangener der Engländer in London. Der Dauphin Karl bestieg nunmehr als Karl V den Thron. Die Geschichte giebt Karl V den Beinamen le Sage, der Gelehrte. Seine Regierung, glücklich im Innern und nach aussen, war eine Zeit der Sammlung und der Erholung für Frankreich. Diese Periode ruhiger Entwicklung schliesst mit dem Hinscheiden des Königs im Jahre 1380.

Die nun folgende, lange Regierungszeit Karl VI (1380—1422) brachte endloses Unglück über das Land. Bei der periodisch wiederkehrenden Krankheit des Königs wurde das Reich eine Beute der Parteien, die sich wechselweise in der Behauptung der Herrschaft ablösten. Irgend ein anderes Ziel als der eigene Vortheil tritt in diesen Kämpfen der Rohheit und Hinterlist nicht hervor.

Die Zünfte wurden in die allgemeine Verwilderung hineingezogen; sie nahmen Partei, dienten der Gewalt und hatten ihren Theil an den blutigen Vorgängen jener Zeit, deren Schilderung weitab von unsrer Aufgabe liegt.

Im Verlauf dieser mehr als vierzigjährigen Periode fanden die schärfsten Eingriffe in das Zunftwesen statt. Die Städte-Erhebungen des Jahres 1382 — in Paris war es der Aufruhr der Maillotins, in Rouen der tolle Tag der Harelle, auch in den anderen Städten kam es gleichzeitig zu aufständischen Bewegungen [18] — gaben Karl VI den Anlass, die städischen Freiheiten abzuschaffen. Die selbstverwaltenden Behörden wurden ihres Amtes entsetzt, Kronbeamte übernahmen das

---

[17] für Paris vgl. Isamb. Bd. V S. 35, für Rouen, Chéruel a. a. O. Bd. II 203.

[18] vgl. Amiens Warnkönig a a. O. Bd. I S. 422, Rouen Chéruel a. a. O. Bd. II 152

Stadtregiment und die Organisationen, um die sich der Bürger
hätte sammeln können, wurden aufgehoben. Die Zünfte traf
in den gemassregelten Städten das gleiche Schicksal.

An der Hauptstadt Paris wurde zuerst ein Exempel
statuirt. Eine Ordonnanz vom Januar 1382 (1383) sprengte
die gesammte bürgerliche Verwaltung auseinander. Durch
den Artikel 2 der Ordonnanz wurde die Prévôté des marchands
(Bürgermeisteramt) mit allen ihren Befugnissen und Rechten
(vgl. S. 6) aufgehoben; Verwaltung und Gerichtsbarkeit wurde
dem königlichen Prévôt, die Erhebung der Einkünfte dem
königlichen Einnehmer überwiesen. Art. 3 hebt die Zunft-
verfassung auf und verbietet den Gewerbetreibenden all'
und jede Gemeinschaft, Vereinigung, Versammlung oder
Brüderschaft. Der zünftlerische Handwerksbetrieb, als solcher,
wird jedoch beibehalten; er war zu jener Zeit, bei dem damaligen Stande der Gewerbepolizei nicht zu entbehren. Die
Zunftgeschworenen werden indess vom königlichen Prévôt
eingesetzt und instruirt und führen den Namen ›Visitatoren‹. [19])

Das Vorgehen des Königs war ein Gewaltact, der indess keinen andern Zweck hatte als die Gelderpressung.
Die wehrlosen Städte leisteten keinen Widerstand mehr, die
reichen Bürger wurden ihres Vermögens beraubt, und der
Gemeinde wurden Bussen und Steuern auferlegt.

Von den verhängten Zwangsmassregeln war aber keine
einzige auf dauernde Geltung berechnet[20]); der königliche
Beamtenapparat war — wenn auch seit sechzig Jahren ausserordentlich erweitert — so doch keineswegs ausgebildet genug,
um alle die Functionen auszuführen, die der König den
Städten und Körperschaften aus der Hand nahm. Allmählig
wurden die alten Organisationen wieder hergestellt; Rechte
und Freiheiten wurden den Körperschaften aufs Neue verkauft,
allerdings nicht in dem früheren Umfang. Im Jahre 1411 wurde
auch die Prévôté des marchands wieder eingesetzt. —

Organisatorische Gesetze über das Gewerbewesen sind
unter der Regierung Karl VI nicht ergangen. Auch das über-
lange Reglement General de police vom Februar 1415 ist
kein solches Gesetz. Obwohl es nicht weniger als sieben-

---

[19]) seront nommez et appelez visitateurs. [20]) Vgl. C h é r u e
a. a. O. Bd. II S. 474.

hundert Paragraphen enthält, umfasst es dennoch ein viel
beschränkteres Gebiet als die Ordonnanz König Johanns
von 1360; denn die gleichlautenden Wiederholungen sind
geradezu endlos [21]).

Das Reglement beschäftigt sich ausschliesslich mit den
Rechten, Befugnissen und der Gerichtsbarkeit der Stadtverwaltung, der Prévôté des Marchands in Paris, deren um-
fassender Geschäftskreis uns von früherher bekannt ist. Zu
unsrer Darstellung gehören indess nur diejenigen Vorschriften
des Reglements, die den Waarenhandel auf dem Wasserwege
und einzelne früher besprochene Zünfte betreffen.

Das Reglement bestimmt zunächst bei den einzelnen
Titeln über Getreide, Wein, Holz, Kohlen, Salz, Heu, Bau-
material in gleichlautenden Worten, dass ein Jeder diese
Waaren frei und ungehindert vom Oberlauf der Seine zu
Thal nach Paris bringen dürfte; wer sie aber vom Unter-
lauf des Flusses zu Berg nach Paris führt, der muss Mitglied der Pariser Kaufmannsgilde sein oder ein solches Mitglied zum Theilhaber annehmen [22]). Der Artikel 492 verordnet
alsdann allgemein, dass die gleichen Bestimmungen für alle
Waarengattungen im Schiffsverkehr gelten sollen.

Es ist das alte Privileg der Pariser Hansa, das die Grundlage der Marchandise de l'eau gebildet hat. Das Reglement
ordnet alsdann noch in weitschweifigster Weise die Befugnisse der Prévôté des Marchands mit Bezug auf die Beaufsichtigung der Wasserläufe, den Stand der Brücken- und Ufer-
bauten, die Schiffsbewegung und die dahin gehörenden Abgaben.

Die drei Zünfte, die unter der Kaufmannschaft standen,
die Crieurs, Mesureurs und Jaugeurs, sind im Laufe der
Zeit vollständig zu zünftig organisirten Beamten geworden.
Ihre Zahl war festgesetzt [23]) und konnte nur durch königliches Decret vermehrt werden. Bestimmte Gebühren waren
ihnen zugewiesen [24]); jede dieser Stellen gewährte ein sichres

---

[21]) C. d. L. X 257.

[22]) estre hansé de la Marchandise de l'eaue de ladicte ville de
Paris et avoir Compaignie française

[23]) für die Korbmesser ist dies schon durch die Ordonnanz König
Johanns vom Jahre 1350 geschehen.

[24]) Vgl. Delamare a. a. O. Crieurs de corps et de vin Bd. IV
S. 814, Jaugeurs Bd. IV S. 686, Mesureurs Bd. II S. 659.

Einkommen und musste von ihrem Inhaber gekauft werden [25]).
Aus den übrigen Regierungsacten jener Periode, welche
das Gewerbe betreffen, ist für unsern Gegenstand nur wenig
hervorzuheben. Zu erwähnen ist das « Statut sur les Mines »
vom Mai 1413, das die Grundlage des Bergrechts für Frankreich abgab.

Die Zunftstatuten jener Zeit tragen keinerlei einheitliches
Gepräge; ein Theil des Landes war dauernd von den Eng-
ländern besetzt, und die dort ansässigen Gewerbe erhielten
von ihnen Statuten [26]). In den südlichen Provinzen ertheilte
der Dauphin Karl einige Privilegien. Unter den wenigen vom
König selber bestätigten Statuten tritt das der normännischen
Kesselschmiede besonders hervor; wir werden es indess des
Zusammenhangs wegen in seiner späteren, erweiterten Form
unter Karl VII besprechen.

Am Schlusse der Regierungszeit Karl VI erscheint
äusserlich die Stellung der Zünfte wenig verändert. Die alten
Verbände sind wieder hergestellt, ihre Rechte sind ihnen
meist von Neuem bestätigt. Gleichwohl sind die Erschütte-
rungen jener Periode auch an den Zünften nicht spurlos
vorübergegangen.

In dem Vorgehen des Königs gegen die städtischen
Freiheiten wird man gewiss kein politisches Princip suchen
dürfen. Die Aufhebung der bürgerlichen Behörden war ein
Mittel, Geld auszupressen; die Wiedereinsetzung geschah,
weil das Königthum weder die Absicht noch die Möglichkeit
besass, die städtische Verwaltung durch eigene Beamte auszuüben. Die alten Privilegien wurden von Neuem ertheilt,
um wieder Geld herauszuschlagen. Eine bewusste Politik
liegt diesen Handlungen des Königs und der Parteien nicht
zu Grunde.

Gleichwohl mussten diese Gewaltthätigkeiten den Erfolg
haben, den dritten Stand, der sich bis zu Karl V in auf-
steigender Linie bewegt hatte, aus seiner Bahn zurückzu-
werfen. Das Bürgerthum war nahe daran gewesen, entscheiden-

---

[25]) Die Vermehrung dieser Stellen und der Verkauf der neu-
geschaffenen bildete eines der beliebtesten Finanzmittel des Ancien Régime.

[26]) In den späteren Bestätigungen Karl VII wird mehrfach hierauf
hingewiesen.

den Einfluss auf die Staatsgeschäfte zu gewinnen und in die Willkürherrschaft ordnend einzugreifen. Die traurige Epoche Karl VI hat diese selbständige Macht für lange Zeit niedergetreten. Zu Anfang des fünfzehnten Jahrhunderts war der städtische Bürger widerstandsunfähig, kraftlos und verarmt; seine Freiheiten waren um Geld und Gunst zurückgekauft; sie beruhten nicht mehr auf dem alten, überlieferten Recht. —

— — —

An dieser Stelle haben wir nun einen Rückblick auf eine Materie zu werfen, die in dem Gange unsrer Darstellung seither zurücktreten musste: es ist die Entwicklung der A b-g a b e n u n d L a s t e n, die während der zuvor geschilderten Periode dem Gewerbe auferlegt wurden.

Das vierzehnte Jahrhundert bildet eine der bedeutsamsten Epochen der französischen Finanzgeschichte; die Landessteuer trat nunmehr an die Stelle der feudalen Abgaben. — Schon unter Philipp IV zeigt sich das Bestreben, mit der Ausbreitung der königlichen Verwaltung die staatlichen Einnahmequellen zu vermehren. Vor allem ist es das Gebiet der domanialen Rechte, das Philipp IV auf Kosten der Feudalität erweitert, und auf dem er der Krone neue und regelmässige Einkünfte zuführt. Eigentliche Steuern und Beihülfen werden indess zu jener Zeit nur in besonderen Fällen, und mit einzelner Begründung, erhoben.

Erst die andauernde Noth des Krieges mit England führte, seit der Mitte des vierzehnten Jahrhunderts, einen Umschwung in den Grundsätzen der Besteuerung herbei. Die schweren Lasten eines unglücklichen Krieges stellten das Land vor die Nothwendigkeit, bis dahin ungewohnte Summen Geldes rasch und regelmässig aufzubringen. Vertheilung und Erhebung dieser Steuern beherrschen die gesammte innere Geschichte des Landes während jener Periode.

Mit den alten lokalen Abgaben, die uns das Livre des métiers zeigt, war hier nichts zu erreichen. Die Landesbesteuerung beginnt; sie muss unter den widrigsten Umständen — unter dem Druck des siegreichen Feindes, gegenüber unwilligen Reichsständen, und ohne eine irgendwie ausreichende staatliche Beamtenschaft — rasch und unvorbereitet ein-

gerichtet werden. Ein jedes der hier genannten Momente hat
in dem französischen Steuerwesen dauernde und niemals ver-
wischte Spuren hinterlassen; das Pachtsystem der indirecten
Steuern, die Mannigfaltigkeit der provinzialen Landesabgaben,
die spätere administrative Theilung Frankreichs nach ge-
trennten Steuer- und Zollgebieten empfingen hier ihre ersten,
bestimmenden Grundlagen.

Das Gewerbe als solches hat hierbei keine besondere
Behandlung erfahren, und mehr wie dies negative Ergebniss
brauchten wir nicht zu verzeichnen. Wir wollen indess, zur
Ergänzung des Gesammtbildes, wie wir es zuvor für das
dreizehnte Jahrhundert gethan, die neuen allgemeinen Steuern,
die sich nach den Wirren und Kämpfen des vierzehnten
Jahrhunderts herausgebildet hatten, hier kurz erwähnen. Es
soll dies indess nur eine übersichtliche Aufzählung sein; die
nachgenannten Steuern wurden keineswegs gleichmässig für
das ganze Land erhoben; einzelne Provinzen, insbesondere
im Süden des Reichs, richteten ihr eigenes Steuersystem ein
und erhoben besondere Abgaben; einige Städte im Norden
trafen mit der Regierung ein Abkommen zur Zahlung bestimmter Pauschalsummen[27]. Diese Einzelheiten gehören indess nicht zu unsrer gegenwärtigen Darstellung.

Die Landessteuern, denen das vierzehnte Jahrhundert
die Ausgestaltung und die dauernde Begründung gegeben
hat, beruhen auf directer und indirecter Contribution; die
erstere ist einfach, die letztere bereits organisch ausgebildet.

Die Steuern lassen im einzelnen den Ursprung aus der
Feudalität deutlich erkennen. Hierfür wurde der Umstand von
Bedeutung, dass in der Periode, die für die Festlegung der
Landessteuern entscheidend wurde, das Lösegeld für den ge-
fangenen König Johann aufgebracht werden musste; es betrug die für die damaligen Verhältnisse ungeheure Summe
von drei Millionen Goldthalern. Gefangenschaft und Auslösung
des Königs eröffneten die lehenmässige Pflicht zum Subsidium, nach dem Fall «rançon du Seigneur». Die Auflegung
des Lösegeldes auf die Steuerpflichtigen erfolgte nach

[27] Vgl. die betreffenden Abschnitte bei Vuitry, Stourm und
Warnkönig a. a. O.

L e h e n r e c h t und im Anschluss an die in solchen Fällen hergebrachten Formen, die dann den hohen Anforderungen entsprechend ausgestaltet und stufenweise zu einem System erweitert werden.

Nach erfolgter Consolidation unterscheiden wir dann fünf Abgaben:

1. Fouage, 2. Abgabe vom Waarenverkauf, 3. Abgabe vom Weinverkauf, 4. Salzsteuer, 5. Zölle. Die erstgenannte ist eine directe, die andern vier sind indirecte Steuern. Ich erläutere jede derselben nachfolgend im einzelnen und für sich.

I. Fouage.

Das F o u a g e bezeichnet ursprünglich die grundherrliche Abgabe von jeder Feuerstelle[28]); in dieser Form ist es eine der ältesten feudalen Lasten. Seit Mitte des vierzehnten Jahrhunderts wird es in der Landesbesteuerung mehrfach angewandt, zunächst indess nur als Vertheilungsmodus für die zu erhebende directe Steuer.

Schärfer tritt das Fouage im Jahre 1363 hervor, und zwar jetzt als selbständige, directe Steuer, deren Ertrag lediglich zum Unterhalt der Truppen dienen soll. Vollständig ausgebildet erscheint dann die Steuer in einer Instruction Karl V vom Jahre 1369. Steuersätze, Umlageverfahren und Erhebungsform werden hier auf das eingehendste bestimmt.

Die nunmehrige directe Steuer betrug nominell 6 francs d'or für jede Feuerstelle in den Städten, und 2 francs d'or auf dem Lande. Dieser Satz war jedoch nur eine steuertechnische Einheit zum Zweck der Veranlagung. Die Städte und Gemeinden wurden mit einer gewissen Anzahl von pflichtigen ›Feuerstellen‹ im g a n z e n veranlagt; sie hatten diesen Gesammtbetrag aufzubringen, die Vertheilung auf die Einwohner und die Erhebung im Einzelnen blieb jedoch ihnen überlassen.

Aus dem Fouage ist die taille royale, späterhin schlechtweg la taille genannt, — die directe Besitz- und Einkommensteuer des ancien Régime — unmittelbar hervorgegangen.

---

[28]) Vgl. D u c a n g e s. v. Focagium.

Object, Veranlagung, Vertheilung und Erhebung haben hier schon durchaus die späteren Formen, deren Grundzüge im wesentlichen unverändert geblieben sind. [29])

2. Abgabe vom Waarenverkauf.

Die Abgabe vom Waarenverkauf wurde mit 12 deniers auf ein Livre, also fünf "/o des Werthes, von allen verkauften marktgängigen Waaren erhoben. Die Entwicklung bis zur Mitte des vierzehnten Jahrhunderts lässt sich an zwei früheren Ordonnanzen gut verfolgen.

Die Stadt Paris hatte im Jahre 1324 übernommen, zweihundert Bewaffnete ins Feld zu stellen und die Kosten der Ausrüstung und Verpflegung zu bestreiten. Behufs Aufbringung der Gelder gewährte der König den Pariser Bürgern das Recht, eine Abgabe (von 1 denier aufs Livre) von allen in Paris verkauften Waaren zu erheben: »Nous voulons et leur octroyons de grace spécial qu'en leur décharge ils facent une imposition etc.« [30]).

Die ursprüngliche Form tritt hier noch klar hervor; es ist das Octroi, die Verleihung des Königs, der den Bürgern gestattet, eine Abgabe zu erheben, um eine gewisse von der Stadt übernommene Beisteuer aufzubringen. Die Abgabe darf nur so lange erhoben werden, als die Verpflichtung der Pariser dauert.

Aehnlich, aber weit ausgreifender, ist eine zweite Ordonnanz, durch die im Jahre 1349 wiederum eine solche Abgabe für Paris ausgeschrieben wurde [31]). Die Ordonnanz enthält einen vollständigen Waarentarif. Der Verkäufer hat in jedem Fall die Abgabe zu zahlen; ausserdem noch der Käufer, wenn er die Waare nicht für den eigenen Bedarf, sondern zum Zweck des Wiederverkaufs erwirbt [32]).

Aus diesen Anfängen wurde die Verkaufsabgabe allgemein für das Land weiterentwickelt. Den fremden Kauf-

---

[29]) Vgl. für die Taille bis 1380 Vuitry a. a. O. Bd. II S. 116 ff; ferner im Allgemeinen die Artikel der Encycl. Method. finances Bd. II, S. 258, Jurisprudence Bd. IV, S. 592.

[30]) C. d. L. 1 785. [31]) C. d. L. II 318.

[32]) den Angaben der Pflichtigen über die zu zahlenden Beträge sollte, bei eidlicher Erhärtung Glauben geschenkt werden: que tous ceux de ladite ville seront creuz par leurs sermenz des denrées que il vendront.

fahrern, die Privilegien in Frankreich erhielten, wurde im Interresse des Handels die Abgabe in einzelnen Fällen nachgelassen; im übrigen wurde sie nach den obigen Grundsätzen allgemein durchgeführt. Der Name trifft indess, wie wir sehen, nicht mehr die Sache: es ist keine Verkaufs- sondern bereits eine regelrechte Verbrauchs-Abgabe, die hier erhoben wird. Die Abgabe sollte, wie jedes Subsidium, immer nur für kurze Zeit und mit bestimmter dringender Begründung erhoben werden; nach mehrfachen Unterbrechungen wurde sie im Jahr 1361 für sechs Jahre aufgelegt, und ist seitdem, wenn auch in veränderter Form, dauernd ein Bestandtheil des französischen Steuersystems geblieben.

Aus der Verkaufsabgabe ist das Octroi des villes, das städtische Octroi, entstanden, das in Frankreich stets in erster Linie die Form gewesen ist, in der man die Städte zu Staatszwecken besteuerte, und erst in zweiter Linie die Form in der die Städte ihren eigenen Finanzbedarf erhoben.

3. Verkaufsabgabe vom Wein.

Für den Wein und das geistige Getränk wurde die Verkaufsabgabe zu einem höheren Satze erhoben, und zwar zunächst allgemein mit ¹/₁₃ tel des Verkaufspreises.

Späterhin wurde nach mehrfachen Schwankungen, die Abgabe für den Kleinhandel auf ¹/₄ tel vom Werthe erhöht, für den Grosshandel auf ¹/₁₃ tel belassen. Die Erhebung wurde von Anfang an in Pacht gegeben.

Während der Name »Aide« von rechtswegen dem ganzen Subsidium zukommt, das zur Auslösung des Königs Johann erhoben wurde, ist diese Bezeichnung nun schliesslich allein der Getränkebesteuerung verblieben. Die Pachtung, welche die Erhebung der Getränkesteuern zu Gegenstand hatte, hiess die ferme des Aides.

4. Salzsteuer.

Die Salzsteuer (Gabella salis) wird als grundherrliche Abgabe schon im dreizehnten Jahrhundert genannt[33]). Zur

---

[33]) Vgl. Ducange s. v. Gabella Salis (Privileg von Aigues-Mortes vom Jahre 1247).

Landessteuer wird sie indess unter der Bezeichnung Gabella du Sel erst seit 1341 allmählich ausgebildet[31]).

Die Methode ging von Anfang an dahin, in den Städten und Ortschaften des Landes Salzspeicher zu errichten, aus denen die Bevölkerung ihren Bedarf an Salz zu entnehmen hatte. Da indess eine so umfassende Massregel nicht sofort allgemein durchgeführt werden konnte, auch die Entsendung von Commissaren nach allen Ortschaften zunächst weder lohnend noch thunlich war, so wurde an den Plätzen, in denen sich noch keine Speicher befanden, die Steuer vorläufig durch einen Verkaufsaufschlag erhoben. Dies geschah in der Weise, dass die Kaufleute ein Fünftel des erzielten Verkaufspreises an die Steuerpächter ablieferten. Eine Instruction vom Jahre 1360[35]) ordnete das Nähere hierüber an, und sagt über die Erhebung: ce qui vaudra 20 sous, on vendra 25 sous, et y prendra le Roy cinq sous.

Mit der Vermehrung der Speicher wurde rasch vorgegangen und bereits unter Karl V war die Gabelle zu einer der beschwerlichsten und drückendsten Steuern geworden.

5. Zölle.

Die Zölle, die hier als Abgaben auf ausgeführte Waaren erscheinen, haben einen zwiefachen Ursprung.

Philipp IV hatte die Ausfuhr von Rohproducten und Waaren, die das Mittelalter aus wirthschaftlichen Gründen sonst allgemein verbot, in einzelnen Fällen gegen Licenzen gestattet; diese Ausfuhrlicenzen wurden allmählig tarifirt und zu regelrechten Abgaben ausgestaltet, die das droit de haut passage und das droit de rêve hiessen. Zu diesen älteren Abgaben trat nun im Jahre 1369 die traitte foraine (gewöhnlich schlechtweg foraine genannt) hinzu, und zwar als eine Ergänzung der zuvor unter No. 3 besprochenen Abgabe auf den Waarenverkauf. Wenn nämlich diese abgabepflichtigen Waaren nicht im Inlande verkauft, sondern unmittelbar nach dem Auslande verschickt wurden, so ging der

---

[34]) Ducange a. a. O. citirt den Autor Chron. abbat. Corb. Ms. fol. 70: Anno 1343 cum Philippus Valesius multis bellis occupatus - etc. etc. Prohibet sal quo nemo abstinere potest comparari aliunde quam ex publicis granariis quae instituit.

[35]) C. d. L. Bd. III, S. 487.

Staat jener Abgabe verlustig. Diese Lücke wurde durch die Foraine ausgefüllt, die in der gleichen Höhe wie die Verkaufsabgabe selbst — mit 12 deniers auf ein Livre — von den exportirten Waaren zu entrichten war.

Die foraine wurde erhoben, wenn die Waaren nach dem Auslande, und auch wenn sie nach denjenigen französischen Provinzen verschickt wurden, die sich von dem gemeinen Steuersystem ausgeschlossen hatten (S. 74). Die foraine wurde somit der Anlass zu der bekannten Scheidung Frankreichs in innere Zollgebiete, die gegeneinander durch Zollschranken abgeschlossen waren [30]).

Das vierzehnte Jahrhundert hat demnach die Grundlagen des französischen Steuersystems im wesentlichen hergestellt. Die fünf Hauptzweige des Steueraufkommens — taille, aides, gabelles, douanes und octroi des villes — sind hier schon vollständig ausgebildet. Eine völlige Umwälzung hat sich gegenüber dem grundherrlichen Steuersystem, das wir im Livre des Métiers fanden, vollzogen; und wenn wir auch in den äusseren Formen stets eine ununterbrochene Ueberlieferung nachweisen konnten. so haben sich doch die Grundsätze der Besteuerung in dieser wildbewegten Epoche von hundertzwanzig Jahren durchaus verändert.

Die gesonderte Berücksichtigung des Gewerbes hat aufgehört; sie musste wegfallen, nachdem die Steuern nicht mehr den Handel, sondern den gesammten Verbrauch treffen wollte.

Die mannichfache bis ins einzelne zersplitterte Methode der Besteuerung, die wir früher kennen lernten, konnte für solchen Zweck nicht ausgestaltet werden. Die Steuer tendirt nicht mehr allein nach der Person, sondern vor allem nach dem Object, nach dem täglich wiederkehrenden Bedarf. Die Bindung an bestimmte Vorgänge und Gerechtsame, dem grundherrlichen Rechte eigenthümlich, wird für die Landesbesteuerung nicht mehr aufrecht erhalten. Der Bürger muss sich, schwer genug, daran gewöhnen, die Steuer zu entrichten, ohne dass er eine sichtbare Ursache, einen unmittelbaren Zweck für die ihm abgeforderten Beträge vor Augen

---

[30]) Vuitry a. a. O. Bd. I, S. 509 und Bd II, S. 156; Encycl. Méthod. finances Bd. II, S. 237.

hat. Nach kurzem Kampf auf den Ständetagen wird ihm sogar das Recht versagt, bei der Verwaltung und Verwendung der eingegangenen öffentlichen Gelder mitzuwirken.

So ist die alte Form des Steuerwesens völlig zerfallen; ein neues System ist geschaffen, in dem wir neben einer ungefügten directen Steuer eine vielgliederige indirecte Abgabe finden. Eines aber hat unsere Darstellung bei all' diesen Umänderungen hervorzuheben: dem Volke sind schwere, drückende Lasten aufgelegt; das Gewerbe als solches aber hat keine gesonderte Neubelastung erfahren. Erst die Epoche, in die wir jetzt eintreten, erkennt in dem zünftlerischen Betrieb ein Mittel, um eine neue, nur auf dem Gewerbe lastende Besteuerung allmählig herauszubilden.

III. Abschnitt.

Von Karl VII bis zum Ende der Regierung Karl VIII (1422—1498).

Der Abschnitt, den wir als nächsten zu schildern haben, umfasst die Regierungszeit der Könige Karl VII, Ludwig XI und Karl VIII. Ich werde zunächst versuchen, eines der charakteristischen Merkmale, welches diese Periode von den zuvor besprochenen scheidet, in kurzen Zügen hervorzuheben.

Bei der Betrachtung der beiden voraufgehenden Abschnitte mögen wir in ihnen ein gemeinsames Moment erkennen: die Könige hatten zu jener Zeit keine Gewerbepolitik. Wenn wir unter Gewerbepolitik die Anwendung staatlicher Kräfte zur Erreichung staatlicher Ziele im Gewerbewesen verstehen, so hat eine solche Anwendung bis hierher nicht stattgefunden. In unsrer ersten Periode ist die Zunft ein selbstverwaltendes Glied des Staates; hervorragende öffentliche Rechte und Befugnisse sind ihr anvertraut. Die Fürsorge des Königs geht gerade dahin, diese Stellung der Zunft zu festigen, ihr Recht in anerkannte Formen zu bringen und ihren Organismus in vollgültiger Weise dem Staatswesen einzufügen.

In der zweiten Periode bildet das Königthum mit seiner Verwaltung seine Polizeigewalt aus. Im Frieden wie in den Stürmen des Krieges und des Aufruhrs sind es immer nur polizeiliche Eingriffe, in denen die königliche Macht im Gewerbewesen sichtbar wird. Die Sorge für die Production aber bleibt nach wie vor der Zunft überlassen. Kein neuer organisatorischer Gedanke des Königthums tritt während dieser Zeit auf unserm Gebiete hervor.

Jetzt erst, in der dritten Periode, beginnt jene selbstthätige Aeusserung des Staatswillens, die einem sichren Ziele zustrebt. Ueber dem Zunftverband erhebt sich der Staatsverband, der den alten Organisationen neues Leben, neue Aufgaben, neue Bewegung giebt, und sie in allem seinen Zwecken dienstbar macht. Nichts ist unsrer Betrachtung mehr werth, als dieses Wirken eines neuen Geistes, der in die alten überlieferten Formen eindringt und sie allmählig umbildet. Wir werden keinen Stillstand zu verzeichnen haben. Die historische Folge, die unsre Schilderung streng einhalten wird, gleicht hier einem weiten vorgefassten Plan, der in fester Führung die lange niedergehaltenen Kräfte des Landes nach einem sichtbaren Ziele hinlenkt.

So hat das fünfzehnte Jahrhundert auch auf unserm Gebiete vorbereitet, was das sechszehnte zu grösserer Vollendung bringen sollte: die Zusammenfassung der zerstreuten Volkskräfte in der Einheit der Staatsgewalt.

In der Gewerbepolitik der französischen Könige im fünfzehnten Jahrhundert treten drei Bestrebungen hervor, die sich wechselseitig ergänzen und, als Ganzes betrachtet, der gewerblichen Entwicklung jener Zeit die Richtung geben: 1. Reorganisation und Ausbau der Zünfte; 2. Errichtung von Messen und Märkten, und Abschluss von Handelsverträgen; 3. Verpflanzung fremder Handfertigkeiten aus dem Ausland. Für unsern Gegenstand ist insbesondere das erste Moment von hervorragender Bedeutung; es wird daher in unsrer Schilderung den breitesten Raum einnehmen, während wir die andern beiden nur in allgemeinen Uebersichten anfügen werden.

Die Maassnahmen, welche Karl VII und seine Nachfolger zur Hebung des Gewerbewesens ergriffen, mussten
eine wesentliche Stärkung des Zunftverbandes und eine Erweiterung der ihm übertragenen Befugnisse bringen. Für das
Gewerbe jener Zeit war immer noch, und auf lange hinaus,
die Zunft die gegebene und einzig mögliche Form der Production. Dass mit der Umgestaltung der Technik, mit der
Vermehrung des Verkehrs und der Beziehungen sich neue Formen herausbilden mussten; dass das alte Gefäss allmählich
seinen Inhalt verlieren und zu einer lästigen Schablone herab-
sinken musste -- das war in der späteren Entwicklung begründet. Vorläufig indess ist dem Gewerbe der zünftlerische
Betrieb unentbehrlich, und wie sehr diese Nothwendigkeit im
fünfzehnten Jahrhundert bestand, wird sich aus der nachfolgenden Darlegung ergeben.

Die vor uns liegende Periode wird uns das Zunftwesen
in seiner weitesten Ausbreitung zeigen. Eine Fülle administrativer und polizeilicher Aufgaben wird während dieser
Zeit den Zünften zugewiesen; der Kreis ihrer Geschäfte ver-
grössert sich fortwährend. Es gibt kaum eine Einrichtung
späterer Jahrhunderte, die wir hier nicht wenigstens in ihren
Anfängen vorfinden werden.

Mit dieser Ausbreitung zünftiger Befugnisse hat indess
die Stärkung der innern Kraft in keiner Weise Schritt gehalten. Wir haben schon zuvor darauf hingewiesen, dass sich
unter Karl VI. die Quelle des Gewerberechts verändert hat;
unter seinen Nachfolgern steigt der Einfluss des Königthums
fortwährend. Diesmal aber wird dies nicht durch äussere
Eingriffe bewirkt; wir werden vielmehr sehen, dass in dem
neuen Aufschwung der Gewerbethätigkeit das Königthum die
treibende Kraft ist, und dass ihm demnach mit vollem Recht
die Verwaltungsbefugnisse zufallen mussten, zu deren Ausübung sich bald die Zunft unfähig und unwillig zeigen sollte.

Wenn uns demnach das fünfzehnte Jahrhundert für die
Beurtheilung der gewerblichen Entwicklung einen besonders
günstigen Standpunkt bietet, so wird es gerechtfertigt erscheinen, dass wir diese Periode auf Grund des reichhaltigen
und bisher nur wenig ausgenutzten Materials der königlichen

Ordonnanzen eingehend und ausführlich zu schildern unternehmen.

Das Material der Ordonnanzen erfordert hier eine bis ins einzelne gehende Durcharbeitung. Wenn man (wie dies Levasseur gethan hat) lediglich die Zahl der unter der Regierungszeit eines bestimmten Königs bestätigten Privilegien anführt, so erhält man ein völlig falsches Bild; denn es ist ein gewaltiger Unterschied, ob ein König einfach ein Zunftstatut eines seiner Vorgänger bestätigt, oder ob er es mit Zusätzen versieht, oder endlich ob er ein neues Statut selber emanirt. In dem ersten Falle ist das Statut stets, und auch in dem zweiten Falle fast immer, den Regierungsacten desjenigen Königs zuzurechnen, der das Statut ursprünglich ertheilt hat. Die Bestätigung als solche ist eine reine Formalität der Kanzlei, die mit der Regierungsthätigkeit nicht zusammenhängt.

Nach französischem Staatsrecht galt jedes Privileg nur für die Regierungszeit desjenigen Königs, der es verliehen hatte; der Thronfolger war an Handlungen seines Vorgängers, durch die er die Krone für beschwert hielt, nicht gebunden, nach dem Rechtssatz «Rex sceptrum non habet jure hereditario, sed lege regia. [1] War das betreffende Privileg titulo gratuito erteilt, so konnte der neue König es ohne weiteres, war es titulo oneroso erteilt, so konnte er es gegen entsprechende Entschädigung widerrufen. [2]

So lange nun die Zunftstatuten nur eine gewerbliche Organisation übertrugen, wurde ihre dauernde Geltung kaum angefochten, und es genügte ihre Vereinbarung vor dem Gerichtsherrn. In dem Maase indes, wie die Zünfte werthige Sonderrechte und eigene Einkünfte erhielten, ergab sich die Nothwendigkeit, sich den Genuss dieser Privilegien bei jedem Regierungswechsel durch eine neue Bestätigung zu sichern. Der dem Ordonnanzwerk beigegebene Registerband zählt nun jede solche Bestätigung — wie dies dort auch vollkommen richtig ist — als eine selbstständige Regierungshandlung auf;

---

[1] Bodinus, de Republica Lib. I Cap. (Ausgabe Frankfurt 1661, S 166).
[2] Lefèvre de la Planche, Traité du Domaine Paris 1765, Bd. III, S. 2.

dabei erscheinen denn die Regierungen Ludwig XI. und
Karl VIII. mit einer ausserordentlich hohen Zahl von Statuten, die indes vielfach einer ganz andern Periode angehören.
Durch die einfache Aufzählung solcher formellen Acte
erscheint die thatsächliche Entwicklung völlig verschoben.
Zur Beurtheilung der Entwicklung des Gewerberechts ist es
vielmehr nothwendig, sowohl die Statuten selbst, wie die Erweiterungen und Zusätze zu scheiden und sie unter diejenige
Zeit einzureihen, in welcher sie in Wirklichkeit verliehen
worden sind. Es wird sich dann zeigen, dass Karl VII. der
Reorganisator des französischen Zunftwesens, und — was zu
jener Zeit das gleiche besagen will — der Gewerbethätigkeit
gewesen ist. Wir werden ferner sehen, dass eine tief eingreifende Massregel — die Ernennung von Zunftmeistern
durch königliche Gnade — nicht, wie man seither annahm,
durch Ludwig XI. veranlasst ist, sondern auf eine frühere
Periode zurückgeht. —

Karl VII. empfing sein Reich in der traurigsten Verfassung; fünfzehn Jahre wechselnden Kriegsglücks vergiengen,
ehe der König in seine Hauptstadt Paris einziehen konnte.
Von da ab war der hundertjährige Krieg entschieden und
bald wurde das Land von seinen äusseren Feinden befreit.
Den Brandschatzungen, die im Innern des Reichs durch Söldner-
scharen verübt wurden, machte die Militärreform Karl VII. im
Jahre 1439 ein Ende.
Langsam und zähe wie die Gesammtpolitik entwickelte
sich auch die Gewerbepolitik des Königs. Die ersten Regierungsjahre bringen nur Bestätigungen alter Statuten. Zu
ihnen zählt das Privileg der Barbiers du Royaume, ein Nor-
malstatut, das unter Karl VI. und unter seinem Nachfolger in
einer Unzahl von Bestätigungen wiederkehrt. Der premier
Barbier du Roy war der Grossmeister aller Barbierzünfte des
Reiches; er ernannte in jeder Stadt, die zünftige Barbiere
hatte, einen Stellvertreter, der die Aufsicht über das Gewerbe
führte. Jeder neu eintretende Meister hatte eine Aufnahmegebühr von 5 sols zu zahlen. [3]

---

[3] In der Zeit von 1422 bis 1488 verzeichnet das Ordonnanzwerk
23 Bestätigungen von Barbierstatuten.

Im Jahre 1431 wurde das Privileg der Schneider von
La Rochelle mit einigen Zusätzen bestätigt. Wir ersehen
daraus, dass jeder Meister eine Bürgschaft von 50 livres zu
stellen hatte, als Sicherheit für die ihm von seinen Kunden
übergebenen Stoffe Wer neu als Meister aufgenommen
wurde, der musste sich einer Prüfung unterwerfen, bei seiner
Aufnahme einen Willkomm-Schmaus richten und einen Gold-
realen in die Bruderlade zahlen.

Im Jahre 1434 bestätigte der König das Privileg der
normännischen Kesselschmiede.

Nach Umfang und Inhalt zählt es zu den hervorragendsten.
Der zünftlerische Betrieb jener Zeit, die Organisationen des
Gewerkes und ihre Aufgaben treten in festen und deutlichen
Umrissen hervor. Vor allem aber ist den Anschauungen der
Handwerker und ihren Forderungen vielfach eine klare kernige
Begründung beigegeben, die den Ursprung mancher später
ausgebildeten Einrichtung sicher erkennen lässt. Zu einer
näheren Besprechung bietet sich hier ein besonders reich-
haltiges Material.

Das umfangreiche Privileg enthält nicht weniger als
vier auf einanderfolgende Statuten. Die drei ersten entstammen
dem Anfang des fünfzehnten Jahrhunderts (Regierungszeit
Karl VI) [1]. Das vierte ist von Karl VII im Jahre 1434
gegeben.

Das älteste Statut handelt von den gemeinsamen Einrichtungen und der wechselseitigen Hülfe. Die Zunft lässt
sich nicht genügen, ihre Bestimmungen einfach aufzuzeichnen;
sondern sie erklärt jede Vorschrift im einzelnen. So lautet
der Artikel 5:

«Il est ordonné et accordé entre eulx que s'aucun veult
lever mestier et estre maistre de nouvel, parce que nul
maistre ne se peut elever sans l'ayde des autres
maistres et des varlets et des outils des autres,
il payera au tresor [5]) 60 sols, se ainsiqu'il ne soit fils de
maistre. Et s'il est fils de maistre il en payera pour 40 sols,
pour ce qu'il doit avoir plus grand avantage audit mestier

[1]) C. d. L. XVIII 676. Die Datirungen des ersten Statuts sind
untereinander unvereinbar; es liegt hier ein Schreibfehler des Copisten vor.
[5]) Dem Kasten der Bruderschaft.

et que son pere paia aussi; et partant aura cellui qui
aura payé les 40 sols, l'ayde des maistres et des varlets et
de varlets et des outils.»

Die Worte, mit denen hier dem jungen Meister vor
Augen geführt wird, dass er nichts ist ohne den Beistand
seiner Genossen, sind noch heute unsrer Beachtung werth;
ihr Sinn geht weit hinaus über den engen Kreis eines zünftlerischen Handwerks. — Was diesen Paragraphen indess vor
Allem für uns bedeutsam macht, das ist, dass er uns eine
wohldurchdachte Begründung giebt für eine Einrichtung, die
uns späterhin immer häufiger begegnen wird: es ist die Aufnahmegebühr, die der Meister bei Beginn seines Gewerbebetriebs zu entrichten hatte.»

Unwillkürlich bietet sich uns hier der Vergleich mit
einer Abgabe die wir aus dem Livre des métiers kennen,
dem Gewerbekauf. Dem Charakter nach ist indess kaum ein
grösserer Abstand denkbar als zwischen den Achat du métier
des dreizehnten und der Aufnahmegebühr des fünfzehnten
Jahrhunderts. Der Gewebekauf wurde gefordert von dem König
oder, durch Uebertragung, von dem Zunftherrn aus dem
Recht der Grundherrschaft; der Handwerker war ihm unterworfen, gleichviel mit welcher Begründung. Ganz anders die
Aufnahmegebühr; sie wird von der Zunft festgesetzt und
gefordert, und begründet wird sie auf dem Rechte der Genossenschaft.

Die Zunft sagt hier, dass es die gemeinsame Arbeit
der Meister und ihrer Vorgänger ist, die den gegenwärtigen Stand des Handwerkes geschaffen hat: dem neuen
Meister wird diese alte Cultur und Erfahrung gleich einem
Geschenk überliefert; er soll dies anerkennen und sich ein-
kaufen in die Gemeinschaft, der er sein Handwerk verdankt.

Dem Meistersohn räumt die Zunft einen Vorzug ein,
und zwar mit scharfer Folgerichtigkeit: die Arbeit des Vaters
ist der Gemeinschaft zu Gute gekommen; in der gewährten
Ermässigung empfängt darum der Sohn sein berechtigtes
Erbe. — Die allgemeine Bevorzugung der Meistersöhne wurde
späterhin ein arger Missbrauch; in dem einem hier vorliegenden Punkte findet sie aber eine gerade, zutreffende
Begründung.

Wenn ich hier diesen ganzen Gedankengang hervorhob, so muss ich noch darauf hinweisen, dass er dem corporativ organisirten Staate angehört. Die Zunft war hier im Recht, wenn sie die Culturarbeit ihrer Angehörigen als ihr Eigenthum betrachtete und für den Mitgenuss eine Abgabe erhob. Als später dann der Absolutismus seine Verwaltung immer mehr ausbildete, war er ebenso im Recht, wenn er seinen Theil an der Erhebung dieser Gebühren beanspruchte. Die ganze Einrichtung der Aufnahmegebühren ist, wie das gesammte Zunftwesen späterhin schlimm entartet; das darf uns aber nicht hindern, sie in ihrem Ursprung unbefangen zu betrachten und die Kenntniss ihrer berechtigten Grundsätze zu suchen.

Die zweite Bestimmung des alten Statuts der Kesselschmiede, auf die wir hier näher einzugehen haben, betrifft die Bruderschaft der Zunft, die Confrérie.

Wir hatten die Confréries bis jetzt noch nicht im Zusammenhang zu besprechen. Die Bruderschaften des dreizehnten Jahrhunderts, soweit sie überhaupt in Verbindung mit einer Zunft bestanden, waren mit Kirche und Gottesdienst völlig verflochten; sie erfüllten nur wenige weltliche Zwecke. Im vierzehnten Jahrhundert nimmt die Zahl der Bruderschaften allmählig zu, und das Feld ihrer Thätigkeit erweitert sich. Erst das fünfzehnte Jahrhundert aber hat die Bruderschaft zu dem Organismus ausgestaltet, durch den sie jetzt in den Kreis unserer Darstellung eintritt. In rascher Folge werden jetzt den Bruderschaften die gleichförmigen Einrichtungen verliehen, die wir in der nächsten Zeit bald allgemein finden: Erweiterung der weltlichen Aufgaben, Vermehrung der Einnahmen, Stiftung von Bruderschaften bei den Zünften, die eine solche noch nicht besassen.

Dieser umfassende Ausbau der Bruderschaft, den wir nicht bei einzelnen Zünften, sondern ganz allgemein antreffen, ist nun weder ausschliesslich noch auch nur in der Hauptsache auf religiöse Beweggründe zurückzuführen. Wenn wir die Statuten über die Errichtung neuer Brüderschaften, über die ihnen gesetzten Ziele, ferner über die Eröffnung neuer Einnahmequellen genauer prüfen, so erklärt es sich uns bald, weshalb diese Einrichtung gerade im fünfzehnten Jahrhundert einen solchen Aufschwung nehmen musste. Die nächste

Ursache war die Kriegsnoth und die daraus folgende Zer-
störung von Eigenthum und Verarmung der Zunftgenossen
und ihrer Angehörigen.

Die hierhergebrachte Verbindung mit Werken der Mildthätigkeit machte die Bruderschaft zur Erfüllung der cari-
tativen Aufgaben besonders geeignet; das fünfzehnte Jahrhundert hat ihr dann eine Reihe von Functionen zugewiesen,
die wir allgemein unter dem Begriff der Armen- und Kranken-
pflege im weitesten Sinne verstehen, Die Bruderschaften
haben diese Verpflichtungen bis in's achtzehnte Jahrhundert
in hohem Maasse erfüllt.

Die Betheiligung am Gottesdienst und an kirchlichen
Handlungen, die der Brnderschaft ursprünglich ihr Gepräge
gab, trat darum keineswegs zurück; die Vermischung geistlicher und weltlicher Bethätigung tritt in späteren Statuten
immer mehr hervor, und wir werden davon characteristische
Beispiele finden.

Die Bruderschaft des vorliegenden Statuts war reichlich
ausgestattet; regelmässige Beiträge wurden von den Meistern
und von den Gesellen erhoben. Der Meister zahlte bei jedem
Guss eine Abgabe an die Bruderschaft, der Geselle leistete
einen wöchentlichen Beitrag. Auch die · oben besprochene
Aufnahmegebühr floss in die Bruderlade, die Trésor genannt
wurde. Als Aufgaben der Confrérie werden hier u. a. bezeichnet: Verarmte, Kranke und Altersschwache zu unter-
stützen, und bedürftigen Mädchen, die wegen ihrer Armuth
nicht heirathen können, eine Ausstattung zu geben[6]). —
Diesem ersten Statut folgt als Nachtrag ein zweites,
das die Bestimmungen über die Aufnahme neuer Meister[7]) in

---

[6]) Art. 3. Que s'il arrivoit que l'ung d'eulx, fust maistre ou varlet,
veinst par fortune à povreté, et il ne peust maiz gaigner par maladie
ou par foiblesse, il vivroit et seroit soustenu des biens dudit trésor
Art. 5. Que s'il y a aucune povre femme de la nation du mestier qui
soit à marier et n'ait de quoy elle puisse estre, eulx lui feront aide selon
le regart des maiours de leur confrairie pour estre mariée suffisamment.

[7]) Die Aufnahmegebühr wird von 3 livres auf 10 livres, resp. für
Meistersöhne von 2 livres auf 5 livres erhöht. Da das Gewerbe auch
Kenntnisse des Münzenschlagens erfordert, soll es besonders scharf über-
wacht werden. Wer Meister werden will, soll geborner Franzose sein
und de la propre ligne du mestier, d. h. Meistersohn oder Enkel, oder
Sohn einer Meisterstochter.

eine schärfere und exclusivere Fassung bringt. Ein drittes
Statut ist angefügt, das einige Vorschriften über Arbeitszeit
und über Herstellung der Waaren enthält. Durch das vierte
endlich (vom Jahre 1434) verleiht König Karl VII der Zunft
einige bemerkenswerthe Zusätze. Art. 1 überträgt der Zunft besondere genossenschaftliche
Rechte: «Que icelluy mestier soit prins et tenu comme
corps et college licite, et les maistres ouvriers et
autres gens dudit mestier pourront faire et avoir bourse
commune pour faire la poursuite et conduite des besognes
et negoces necessaires et prouffitables pour le faict dudit
mestier». —

Von dem zünftlerischen Betrieb untrennbar ist die Beaufsichtigung des Gewerbes und die Waarenschau. Ganz
eigenthümlich ist nun die Organisation, welche ihr hier in
dem Zusatz-Statut gegeben wird. Es soll ein «Garde general»
für das ganze Reich bestellt werden, der die Aufsicht über
das Gewerbe auszuüben hat. Für seine Mühewaltung erhält
er von jedem Meister jährlich 20 sols; von jedem Kaufmann
aber, der mit Eisenzeug handelt, empfängt er bei der Untersuchung der Waaren eine Gebühr von 10 sols für die Pferdelast, und 5 sols für die Traglast. Der Garde general sollte
sich in jeder Stadt einen Stellvertreter (Lieutenant) bestellen,
der in seinem Bezirk die Aufsicht führt [*]). Wenn diese Einrichtung überhaupt durchgeführt wurde, so ist sie jedenfalls
von keinem Bestand gewesen; ich finde sie nirgends weiter
erwähnt; auch die Encyclopédie Méthodique kennt unter den
zahlreichen Gardes, welche sie aufzählt, keinen Garde Géné-
ral für irgend ein Gewerbe [*]).

Schliesslich gibt uns das Statut noch Anlass zu einer
kurzen Bemerkung über die Strafgelder, die das Zusatz-
statut zur Hälfte dem König und zur Hälfte dem Gewerk
zuspricht.

---

[*]) Que ledit garde general pourra commectre lieutenant à chascun
pays, duchié et comté ou province du Royaume, les quels lieuxtenans
auront puissance et faculté de visiter sur les maistres et ouvriers dudit
mestier et sur leurs marchandises et aussi sur les Marchans. — Es ist
dies die Organisation, die für die Barbierzünfte des Reichs thatsächlich
bestanden hat (s. S. 84).

[*]) Encycl, Method. Jurisprudence Bd. IV.

Die Geldbussen gehörten — wie bereits S. 36 bemerkt — nach altem Recht dem Gerichtsherrn. Je nach der Gerichtsbarkeit ist dies in den einzelnen Statuten der König, der Stadtherr, oder die Stadtbehörde. Wo eine Abzweigung der eingehenden Strafgelder — zu Gunsten der Zunftgeschworenen oder der Bruderschaften — stattfindet, beruht sie ursprünglich auf einem Verzicht oder einer Verleihung seitens des Gerichtsherrn. Im Livre des métiers erhalten die Zunftgeschworenen und einzelne Confréries einen geringen Theil der Geldbussen; im vierzehnten Jahrhundert tritt der Antheil des Gewerkes und der Bruderschaften stärker hervor. Im fünfzehnten Jahrhundert ergab sich, mit der Erweiterung der bruderschaftlichen Aufgaben, die Nothwendigkeit einer weiteren Verzichts auf den gerichtsherrlichen Antheil. Während bis dahin die Geldbussen dem König oder dem Stadtherrn mitunter ungetheilt, meist aber zu zwei Dritteln zuflossen, geht seit Karl VII der Königsantheil auf die Hälfte, manchmal selbst auf ein Drittel zurück.

Unter Ludwig XI, der den Zünften wiederum neue Aufgaben auf dem militärischen Gebiete zuwies, wird dann die Beschränkung auf ein Drittel fast zur allgemeinen Regel. Wir können diese Verschiebungen im einzelnen genau verfolgen, wenn wir die Bestimmungen über die Strafgelder in den alten Statuten und in den späteren Zusatzartikeln gegeneinander vergleichen. Ich werde dies im Nachfolgenden durch Wiedergabe der betreffenden Vorschriften hervorheben [10]. —

Wir fahren nunmehr in der Besprechung der von Karl VII ertheilten Privilegien fort. Im folgenden Jahre (1435) erhält die Tucherzunft zu Montivilliers vom König ein Statut. Im Jahre 1437 wird die Bergwerksordnung Karl VI (von 1413)

---

[10]) Die Annahme Levasseur's und der ihm folgenden Autoren — der König habe sich in den neuen Statuten einen Theil der Strafgelder vorbehalten — ist demnach unzutreffend. Der König hat, ganz im Gegensatz hierzu, einen Theil der ihm zustehenden Strafgelder den Zünften und Bruderschaften überwiesen.

[11]) Bestätigungen: Bouchers de Paris XIX S. 208, Apothicaires XIII 244, Barbiers XIII 265 XV 307 Fripiers XVI 646 (Bestätigung eines Entscheides zwischen den Fripiers und ihrem Zunftherren, dem Duc de Bourbon, Kämmerer des Königs) Tailleurs de Paris XIX 403 Statuten: Boisseliers et Lanterniers de Paris XVI S. 636.

bestätigt. Es folgt eine Reihe von Bestätigungen und Statuten auf die wir hier nicht näher eingehen [1]); wir wenden uns vielmehr zu einem Regierungsact, der für die Gewerbepolitik Karl VII und für die gewerblichen Zustände seiner Zeit besonders bezeichnend ist: es ist das Statut für die Tucherzunft zu Bourges, das im Jahre 1443 erging, zu einer Zeit, da die Engländer noch einen Theil des Reichs besetzt hielten.

Ueber die Zeitlage und die Absichten des Königs unterrichtet uns am besten die bemerkenswerthe Einleitung des Statuts, die ich hier in der Uebersetzung wiedergebe:

«Nachdem das normännische Land, woselbst Gewerb und Uebung des Tuchmachens in grösserem Schwunge war sonst in irgend einem Theil unseres Reichs, gegenwärtig wegen der Kriegsläufte fast gänzlich verwüstet liegt und darum in jenem Gewerbe die vordem gepflegte gute Arbeit sich nicht mehr vorfindet; und nachdem wir aus diesen und andern die gemeine Wohlfahrt des Reichs betreffenden Ursachen untersagt und ausdrücklich verboten haben, Tuche, die aus der Normandie nach den Landen unsrer Herrschaft gebracht werden, zu verwenden oder anzukaufen; und weil vermöge dieses Verbots manche Einwohner des normännischen Landes, die des besagten Gewerbes kundig sind, bewogen werden möchten, das vorgenannte Land zu verlassen und sich in den Städten und Ortschaften unsrer Herrschaft anzusiedeln; und ferner weil das baare Geld — das durch die Arbeit, den Betrieb und Handel der besagten Handwerker und Kaufleute, die jetzt in der Normandie unter der Herrschaft unsrer Erbfeinde und Widersacher, der Engländer, wohnen, dorthin seinen Weg nimmt — auf solche Weise künftig den Einwohnern und Unterthanen unsrer eignen Lande verbleiben würde: deshalb und wegen bewiesener Treue und Anhänglichkeit der Bewohner von Bourges wollen, befehlen und bestimmen wir, dass jetzt und in alle Zukunft das Tuchergewerk in Bourges betrieben und ausgeübt werde.»

Zu diesem Zweck verfügt der König, dass Statuten und Ordnungen, wie sie den geschworenen Zünften der königlichen Städte verliehen sind, für Bourges in Kraft treten sollen.

Von zwei Seiten ist nun dies Statut für uns bedeutsam: es zeigt uns in knappen Zügen die Gewerbepolitik des Königs, und es zeigt uns ebenso den damaligen Stand des Gewerberechts Der König will — mit einer Begründung, die einem Mercantilisten Ehre machen würde — das Tuchergewerbe in Bourges in Aufnahme bringen; dazu hat er — und darauf kommt es für unsre Darstellung zu allermeist an — durchaus kein andres Mittel, als die Errichtung einer Zunft mit ihrem umfassenden, bis ins einzelne ausgebildeten Apparat. Für uns ist dies das wesentlichste Moment. Das fünfzehnte Jahrhundert bedurfte der Zunft, wenn es überhaupt ein Handwerk in lohnender Weise betreiben wollte; das heisst ein Handwerk, das für Verkehr und Verkauf, und nicht nur für einen beschränkten Hausbedarf arbeitete.

Wir müssen uns hierbei die allgemeinen Zustände jener Zeit gegenwärtig halten. Weder eine staatliche Gewerbegesetzgebung, noch ein staatliches Organ zur Handhabung des Gewerberechts war irgendwie vorhanden. Die gesammte Legislatur, wie sie in den Ordonnanzen, Etablissements, Communalcharten, niedergelegt war; die Rechtssprechung, wie sie durch Aufzeichnung oder Herkommen überliefert wurde, beide kannten das Gewerbe nur von der criminalrechtlichen Seite. Wer falsches Maass und Gewicht brauchte, wurde bestraft; der Bäcker, der Sand unter das Mehl mischte, der Fleischer, der das Fleisch eines gefallenen Thieres verkaufte, war mit Strafe bedroht; er wurde gleich dem Fälscher und Dieb vor den Richter gezogen. Auch eine Reihe polizeilicher Vorschriften war, wie wir hier gesehen haben, von Staatswegen ergangen. Die Ordonnanzen von 1350 und 1415 ragen hier besonders hervor. Aber Bestimmungen über die unendlich zahlreichen Beziehungen zwischen Käufer und Verkäufer, zwischen Arbeiter und Händler, kurz über den gesammten gewerblichen Verkehr und Betrieb ··· diese Bestimmungen waren allein in den Zunftstatuten zu finden. Wo solche Statuten fehlten, da gab es im gewerblichen Verkehr weder Kläger noch Richter.

In dem von Karl VII und Ludwig XI emanirten Statuten finden wir es immer von Neuem, dass der König, oder der Gerichtshalter, in der Einleitung eines solchen Statutes feststellt: gegen die Missbräuche und Schädigungen lasse sich nichts thun, denn sie sind nicht unter Strafe gestellt; das Handwerk gehe an dieser Unzulänglichkeit zu Grund; aber der Richter ist machtlos, denn es bestehen keine gesetzlichen Bestimmungen, gegen deren Nichtbeachtung er einschreiten könnte.

Das einzige Schutzmittel war hier die Schaffung von statutarischen Normen u n d z u g l e i c h von ausführenden Organen durch Verleihung des Zunftprivilegs. Vermehrung und Unterstützung der Gewerbthätigkeit war demnach für jene Zeit gleichbedeutend mit Erweiterung und Stärkung des zünftlerischen Betriebs. —

Welche Einrichtungen nun im vorliegenden Falle für Bourges getroffen werden mussten, das ist uns aus früheren Schilderungen in der Hauptsache bekannt. Das Rückgrat der Zunft ist die Jurande, das Amt der Zunftgeschwornen; durch sie vor allem unterscheidet sich das Métier juré von dem ungeregelten Handwerk. Ihre Pflichten werden in dem Statut Karl VII festgestellt und für ihre Mühe wird ihnen von den eingehenden Strafgeldern ein Viertel zugesprochen. Die Hälfte dieser Geldbussen wird den Bruderschaften der Weber und Walker zu gleichen Theilen zugewiesen, und nur ein Viertel beanspruchte der König für seinen Antheil. Die Abgrenzung des Zunftgebietes gegen die Gewandschneider, Kleidermacher und Kleiderhändler, sowie die technischen Vorschriften über die Weberei sind für uns hier ohne Belang; kurz zu erwähnen haben wir dagegen die Bestimmungen über die Siegelung und Stempelung der Tuche.

Auf das Abzeichen der Tuche wurde ein hoher Werth gelegt. Die Tucher-Zunft einer jeden Stadt hatte ihr eigenes Sahlband, das ein bestimmtes Muster aufwies und sich durch die eigenthümliche Fadenstellung von andern unterschied. Hieran schon war die Herkunft des Tuches zu erkennen. Als die wesentlichste Bürgschaft guter Beschaffenheit galt aber das Stadtsiegel; denn es bezeugte die strenge und wiederholte Prüfung der Waare.

Die Siegelung geschah in der Regel auf dem Rathhaus, woselbst das Siegel aufbewahrt wurde. Der Meister, der das von ihm verfertigte Stück vorlegte, musste es zunächst mit seinem eigenen Stempel versehen, dann wurde das Stadtsiegel aufgedrückt. Für die Siegelung, die an manchen Städten kostenlos geschah, war in Bourges ein Gebühr von 4 denaren für das ganze und von 2 denaren für das halbe Stück Tuch zu entrichten. Wir werden auf diese Siegelgebühr noch später zurückzukommen haben.

Die Statuten, die nunmehr in der Ordonnanzensammlung folgen, zeigen eine steigende Fürsorge für die Bruderschaften. Der König stellt, im gleichen Jahre 1443, die alte Bruderschaft der Pariser Altflicker wieder her, die in Folge des Krieges verfallen und verarmt war [12]. Noch in demselben Jahre vereinbarten die Pariser Walker vor dem Prévôt ein neues Statut [13], das zu Gunsten ihrer Confrérie eine Aufnahmegebühr von 60 sols für jeden neuen Zunftmeister festsetzt. Neueintretende Lehrlinge und Gesellen zahlen zu dem gleichen Zweck eine Einschreibegebühr von 10 sols, eine Abgabe, die in späteren Zeiten allgemein scharf erhöht worden ist. Den Webern von Issoudun, einem alten Gewerbe, wird gleichfalls im Jahre 1443 ein neues Statut gegeben; an Aufnahmegebühr hat der neue Meister hier 70 sols und 4 Pfund Wachs für die Bruderschaft zu entrichten, und noch 10 sols zu einem Willkomm-Schmaus zu geben (der dafür gewiss nicht allzu reichlich ausfiel) [14]. Die Tuchscherer von Tours, die zur selben Zeit ein Statut erhalten, verlangen dagegen bei der Aufnahme 100 sols, von denen dem König und der Bruderschaft je die Hälfte zufliesst, und ausserdem noch den herkömmlichen Schmauss [15]. Im Jahre 1447 werden den Hosenmachern der Tour aine und 1448 den Krämern von Touraine, Anjou und Maine Statuten verliehen. Auch hier finden wir die gleiche Fürsorge für die Confrérie, wie bei den vorigen. Bei den Krämern wird bestimmt, dass an Stelle des Meisterschmausses, der den Spender etwa eine Mark Silbers gekostet hatte, künftig ein entsprechender Geldbetrag gezahlt und der Bruderschaft zugewiesen werden solle [16].

[12] C. d. L. XIII, 666. [13] C. d. L XVI, 586.
[14] C. d. L. Bd. XIII S. 581. [15] C. d. L. Bd. XIII S. 586. [16] C. d. L. XIV S. 27.

Zu bemerken ist noch, dass die beiden zuletzt genannten Zünfte, die bisher noch keine aufgezeichneten Statuten hatten; um die Verleihung der Privilegien ihrer Pariser Genossen bitten. Die Uebertragung von Pariser Statuten auf die Provinz findet sich bereits unter Karl VI [17]); sie nimmt jetzt grösseren Umfang an, und wir werden bald ein Beispiel finden, dass ein für Paris erlassenes Statut gleich bei seiner Emanirung mit Gültigkeit für ganz Frankreich verkündet wurde; ist das im Jahre 1451 verliehene Statut der Waffenschmiede von Paris [18]).

Wir übergehen die im Jahre 1450 und 1451 neu ertheilten oder bestätigten Statuten [19]) und wenden uns zu einem Institut von weittragender Bedeutung, von dem uns die Ordonnanzsammlung jetzt ein Beispiel liefert; es ist die Schaffung von Zunftmeistern durch königliche Gnade.

Levasseur macht hierüber folgende Angaben:

» Louis XI, invoquant d'anciens priviléges dont on recherche en vain la trace dans les temps anterieurs, s'arrogea le droit de créer, à son avénement, un maître dans chacune des corporations du Royaume, et de le dispenser entièrement des épreuves et des droits auxquels les autres étaient assujettis, etc. etc. [20]).«

Diese Darstellung ist indess nicht zutreffend. Ludwig XI hat sich keineswegs ein neues Recht grundloser Weise angemaasst. Das Recht bestand vielmehr schon lange und wurde unbeanstandet geübt. Eine davon handelnde Urkunde ist Levasseur entgangen, und auch eine zweite, hierher gehörende, wurde inhaltlich nicht berücksichtigt.

Die betreffende erste Urkunde steht im vierzehnten Band der C. d. L. S. 154 und ist ein Act Karl VII. Der König ernennt darin einen Münzmeister in Bordeaux unter Berufung auf das Recht, das ihm à Nostre joyeux advennement

---

[17]) Im Jahre 1393 ersuchten die Kleidermacher von Chartres um die Privilegien ihrer Genossen von Paris. C. d. L. XIX S. 485.

[18]) C. d. L. XVI S. 679.

[19]) Ferrons de Normandie XV 541, Epiciers de Paris XIV 117, Bonnetiers de Rouen XIV 125, Orfèvres de Bordeaux eb. XIV, 145, Tailleurs de Tours eb. S. 152, Barbiers de Bordeaux S. 157. Maréchaux de Rouen S. 229.   [20]) a. a. O. Bd. I 438.

zustehe[21]). Es ist nun besonders hervorzuheben, dass die späteren, von Ludwig XI verwendeten Formulare, wir können sagen, Wort für Wort mit diesem von Karl VII gebrauchten übereinstimmen; sie weichen kaum in einem einzigen Ausdruck von einander ab, so dass es sich fraglos um ein feststehendes, bräuchliches Kanzleiformular handelt.

Das zweite Schriftstück, das uns von der früheren Uebung des Ernennungsrechtes Kenntniss giebt, entstammt der Regierung Ludwig XI selber. In einem Meisterbriefe von 1481 wird ein Fleischer in Tournay ernannt „à tels et semblables privileges, prééminences, libertés, franchises et auxdits droits et prerogatives dont usent et ont accoustumé de user les autres qui ont esté faits et créés par cidevant maistres bouchers en laditte ville de Tournay par nos prédecesseurs[22]).»

Ueber den Ursprung des Rechtes lassen sich keine besonderen Einzelheiten ermitteln. Die Rechte des Königs gegenüber den Zünften, soweit sie die Bestätigung früher erlangter Privilegien und die Ernennung von Meistern betrafen, werden von den staatsrechtlichen Schriftstellern von Bodin bis Lefèvre de la Planche unter den weiten Begriff des Joyeux Avènement gerechnet. Dieses Recht geht weit zurück. Der Jocundus adventus ist ursprünglich ein grundherrliches (also kein domaniales) Recht; Ducange definirt es als tributum quod domino (d. i. dem Lehnsherrn) exsolvitur, cum primum ad aliquam dignitatem pervenit, verbi gratia cum Reges ad regnum educuntur[23]). Seit dem vierzehnten Jahrhundert kommt indess der Jocundus adventus nur noch als domaniales Recht vor, während die grundherrlichen Abgaben beim Wechsel der herrschenden Hand unter fides et homagium, aveu et dénombrement u. a. m. fallen.

Von den Gnadenhandlungen, welche die Könige auf Grund des Jocundus adventus vornahmen, ist aus früheren

[21]) Comme à nostre joyeux advenement puissions et nous loise faire et créer en chascune monnoye de nostre royaume un ouvrier et un monnoyer. Die ganz gleichlautenden Ernennungen von Münzmeistern unter Ludwig XI hat Levasseur dagegen alle citirt.

[22]) C. d. I. Bd. XVIII S. 620.

[23]) einige Beispiele giebt Ducange l. c. und Brussel a. a. O. Bd. I 609.

Jahrhunderten wenig erhalten. Aus dem vierzehnten Jahrh.
verzeichnet die C. d. L. zwei Ernennungen von Münzmeistern,
die eine von Ludwig X im Jahre 1314 vollzogen; die andere
von Philipp V vom Jahre 1316[24]). Das Formular (lateinisch
abgefasst) ist hier kürzer als das von Karl VII gebrauchte;
inhaltlich aber stimmt es bereits mit dem späteren überein.
Dass uns königliche Meisterbriefe nicht häufiger erhalten sind,
erklärt sich leicht aus ihrem rein persönlichen Charakter;
ausser dem Empfänger und seiner Familie hatte Niemand an
ihrer Aufbewahrung Interesse. Ich bemerke hierzu, dass
beispielsweise aus der Regierungszeit Karl VIII (1483—1498)
das Ordonnanzwerk keinen einzigen Meisterbrief enthält,
obwohl deren Vorkommen während jener Periode in den
Zunftstatuten mehrfach erwähnt wird[25]). —

Die vorgenannten beiden Urkunden zeigen uns jedenfalls, dass es sich bei diesen Gnadenernennungen um ein
Recht handelt, das bereits unter Karl VII althergebracht war.
Die spätere Entwicklung dieser Einrichtung, so weit sie dem
von uns zu schildernden Zeitraum angehört, werden wir dann
in der gegebenen Folge einreihen. Ich will hier nur noch
hervorheben, dass unter Karl VII die Schaffung von Zunftmeistern lediglich ein Gnadenbeweis war. Es lag dem
König fern, hierdurch in die Zunftrechte eingreifen zu wollen.
Er hatte zu solchem Vorgehen auch keinen Anlass; denn wir
haben gesehen, dass er den zünftlerischen Betrieb als ein
Mittel zur Hebung des Gewerbefleisses brauchte, und ferner,
dass er die zünftlerischen Einrichtungen noch nicht als eine
gute Finanzquelle betrachtete. —

In den folgenden acht Jahren der Regierungszeit Karl VII,
den Jahren 1452 bis 1460, dauert die Thätigkeit des Königs
in der Ertheilung und Bestätigung von Zunftstatuten ungemindert fort[26]). Die einleitende Begründung dieser Statuten
ist stets gleichmässig wie wir sie auf S. 91 dargelegt haben.

---

[24])C. d L. Bd. XII S. 408. [25]) Vgl. S. 98.
[26]) Faiseurs de Patins de Tours XIV S. 231. Chaussetiers de
Pontoise XIX S. 522, Chirurgiens de Rouen XIV S. 281, Menestriers de
Paris eb. S. 313, Charpentiers de Paris XVI S. 615, Tailleurs de Caen XVI
S. 360, Potiers de Terre de Paris XIV S. 413, Cordonniers et Savetiers
de Paris XVI S. 657, Barbiers de Bordeaux XIV S 427, Barbiers de

Die Richtung, die sich im zünftlerischen Handwerk jetzt
herausgebildet hat, können wir am besten feststellen, wenn
wir die wesentlichen Bestimmungen dieser Statuten hier aus-
zugsweise wiedergeben.
Prüfung durch Geschworene und Anfertigung eines
Meisterstücks ist stets vorgeschrieben. Die Forderung einer
Aufnahmegebühr für neue Meister ist jetzt völlig ein-
gebürgert; seltener wird zudem noch die Herrichtung eines
Schmauses verlangt [27]). Die Aufnahmegebühr zerfällt meistens
in drei Theile, deren einer je dem König, den Geschworenen
und der Confrerie zufliesst. Meistersöhne geniessen eine Ermässigung. Die Strafgelder werden nach ähnlichen Grundsätzen vertheilt wie die Gebühren.
Für weitere Vermehrung der Einnahmen der Bruderschaft wird Sorge getragen Der Meister zahlte einen jährlichen oder wöchentlichen Beitrag, die Gesellen ein Anzugsgeld oder auch eine wöchentliche Abgabe, die Lehrlinge
eine Einschreibegebühr; alles zu Gunsten der Confrérie. Die
Beträge sind indess noch mässig zu nennen.
Die Zahl der Lehrlinge ist stets beschränkt; gewöhnlich
darf der Meister, neben seinen eigenen Kindern, nur einen
fremden Lehrling halten. Die Beschränkungen der Arbeitszeit
(Verbot der Nachtarbeit) werden meistens aufrecht erhalten,
zeigen aber eher eine rückweichende Tendenz. Die technischen Vorschriften und die Abgrenzungen gegen verwandte
Zünfte nehmen einen immer grösseren Umfang an.
Die Zunftgeschworenen beginnen sich abzusondern und
in: rhalb der Zunft ein Patriciat zu bilden. Es ist eine lang
vo. bereitete Bewegung, die jetzt zunimmt und sich späterhin
allgemein ausbreitet [28]), bis schliesslich aus der Jurande ein
ständiges Amt wird.

Toulouse 434, Boulangers de Bordeaux 440, Tailleurs de Poitiers XV 403,
Tailleurs de Bordeaux XV 474, Drapiers de Rouen 544 (die letzten beiden
werden erst von Ludwig XI bestätigt).

[27]) Die Drapiers de Rouen verwandeln (wovon wir schon früher
Beispiele gaben) die Kosten in eine Abgabe zu Gunsten der Bruderschaft.

[28]) Die Fleischer hatten sich von jeher nach dieser Richtung her-
vorgethan. In der vorliegenden Periode bestimmen die Strumpfwirker
von Rouen, dass die vier ausscheidenden Geschworenen gemeinsam mit
den Maistres notables et souffisants die Geschworenen des nächsten

Wie das heimische Gewerbe, so werden auch die auswärtigen Kaufleute und Händler scharf überwacht. Die
Fremden, die zu Markte kommen, müssen nach altem Zunftrecht ihre Waaren durch die Geschworenen untersuchen lassen,
ehe sie mit dem Verkauf beginnen dürfen. Die Neigung, den
fremden Wettbewerb zu beschweren, scheint hier mehrfach
zu Chicanen geführt zu haben; denn in zwei Statuten findet
sich die Mahnung, dass sich die Geschworenen rechtzeitig
zur Schau einfinden sollen; andernfalls solle es dem Händler
freistehen, seine Waaren ohne vorgängige Untersuchung aus-
zustellen [19]) —

Während wir mit diesen allgemeinen Bestimmungen die
Grundsätze des zünftlerischen Betriebes jener Tage gekenn-
zeichnet haben, wollen wir noch an einem besondern Beispiel die Anschauungen der zünftlerischen Handwerker hervorheben; wir wählen hierzu das Statut, dass der Pariser
Töpferzunft im Jahre 1566 vom Könige verliehen wurde.

Schon die Thatsache, dass hier ein Statut gänzlich neu
ertheilt wurde, ist an sich bemerkenswerth. Denn die Töpfer
sind ein altes Gewerbe; unter Etienne Boileau bildeten sie
eine organisierte Zunft; der Titel 74 des Livre des métiers
enthält ihr Statut. Sie hatten aber ihre Einrichtung zerfallen
lassen, aus Gründen, die wir nicht feststellen können. Das
Gewerbe war infolgedessen vollständig frei geworden, und
weder für das einheimische Gut noch für die fremde Marktwaare gab es Untersuchung oder Aufsicht. Die Töpfer be-
klagen den Verfall ihres Handwerks; ihr Gewerbe sei ein
petit mestier de plaisance geworden, in das Jeder hinein-
pfuscht. Schundwaare erdrücke das ehrliche Handwerk, ohne
dass man ihr, aus Mangel an Strafbestimmungen, beikommen
könne. Mit dem sehr gewählten Ausdruck «Sophistica-
cion» bezeichnet sie den Missbrauch, schlechtes Material
zu verwenden und ihm durch allerlei Kunstgriffe fälschlich ein
besseres Aussehen zu geben. Dagegen konnte nichts helfen,
als die Verleihung eines Zunftstatuts, das ihnen denn auch,

Jahres wählen. Bei den Pariser Zimmerleuten gelten die Geschworenen
gar auf Lebenszeit gewählt [19]) C. d. L. XIII 587, XIV 114.

da ihre Klagen thatsächlich begründet waren, vom König bewilligt wird.

Die Töpfer gingen nun daran, sich für die lange richterlose Zeit gründlich schadlos zu halten; ihr Statut füllt nicht weniger als fünf Seiten in der grossen Collection du Louvre. Die Aufnahmegebühr wird gleich auf 60 sols festgesetzt, mit der üblichen Drittelung (König, Confrérie, Geschworene je ein Drittel).

Um den Fremden ihre «Sophistik» auszutreiben, wird eine strenge Untersuchung der Marktwaare eingeführt. Die Geschworenen wirken sich sogar für ihre Mühe eine Gebühr aus, nämlich 2 sols für die Prüfung eines Wagens, 16 deniers für den Karren und 8 deniers für die Pferdelast. Es ist, von den normännischen Kesselschmieden abgesehen, das einzige Beispiel, dass für die Untersuchung der Handelswaaren eine Abgabe erhoben wird.

Die Arbeitszeit unterliegt den gewöhnlichen Einschränkungen (Verbot der Arbeit bei Nacht und bei Licht, ausgenommen das Anfeuern der Brennöfen; Verbot der Arbeit an Feiertagen). Doch diese Beschränkungen gelten nur für die Gesellen. Lehrlinge mögen immer arbeiten, »pour apprendre et faire joliveté et subtilité dudict mestier, pourveu qu'ils ne facent rien qui soit à vendre, comme feroit un apprentiz à peindre ou à escrire.» Das ist die Fortbildungschule in ihrer frühesten Gestalt. —

Wenn wir nunmehr die Thätigkeit Karl VII nach der gesammten voraufgehenden Darstellung überblicken, so muss uns dieser König als der Reorganisator gelten, der das französische Gewerbe nach dem Niedergang eines endlosen, verheerenden Krieges wieder aufrichtete. Dies Verdienst gebührt dem König. Sein Mittel hierzu war, ganz wie es dem Rechtszustand jener Zeit entsprach, die Privilegirung von Zünften. Denn nur in der Zunft und in ihrem ausgebildetem Organismus konnte dem Gewerbe Recht und Schutz werden, und ausser ihr war ein geordneter Betrieb noch nicht möglich.

Die Rechte und Befugnisse der Zunft und ihrer Bruderschaft — die immer neue weltliche Aufgaben in sich aufnimmt — erfahren eine starke Vermehrung. Das Verhältniss zwischen König und Handwerkerstand ist ungetrübt. Gewalt und Gunst, wie einst unter Karl VI, entscheiden jetzt nicht mehr. Die Zeiten unter Karl VII sind andere geworden. Wir dürfen nicht vergessen: es ist eine Periode des Aufschwungs, die wir hier zu schildern hatten. In einer solchen Zeit wird von beiden Seiten willig gegeben; kein Misstrauen bestimmt das Maass der verliehenen und empfangenen Rechte. Dem König war es vergönnt, reichlich und ohne Rückhalt geben zu können; doch gerade, dass er alle diese Rechte austheilte; dass er einem niedergedrückten Stande wieder aufhalf, gerade das hat die Stellung des Königthums gestärkt. Denn der Ursprung all der neu verliehenen Rechte — und darin wirkt die traurige Zeit Karl VI nach — war immer und allein die königliche Macht.

— — — · ◆ · ——

Neben der Thätigkeit für das Zunftwesen haben wir noch, wie S. 81 bemerkt, der Maassnahmen Karl VII zu gedenken, die auf den Handel Bezug haben. Sie betreffen die Messen und Märkte, und die Privilegien für fremde Kaufleute.

Karl VII hat noch als Dauphin im Jahre 1419, als er den Titel „Régent du Royaume" angenommen hatte, die später zu grosser Blüthe gelangte Lyoner Messe gegründet. Ich bemerke, dass Karl VII in seinem zweiten Privileg vom Jahre 1443 ausdrücklich sich selbst, und nicht seinen Vater Karl VI, als den Stifter, jener Messe bezeichnet[30]). Das erste Privileg (1419) gab der Stadt Lyon zwei Messen im Jahr, das zweite (1443) erhöhte die Zahl auf drei.

Unter der Regierung Karl VII nahm indess die Entwicklung der Lyoner Märkte nur geringen Fortgang; erst das rücksichtslose Vorgehen seines Nachfolgers Ludwig XI gegen die Stadt Genf brachte den mächtigen Fortschritt für Lyon. — Im Jahre 1445 wurde auch die Erneuerung der Märkte der Champagne und Brie verfügt.

Die alten Privilegien der Castilischen Kaufleute (sie gehen bis auf das Jahr 1304 zurück) wurden im Jahr 1435 bestätigt. Die fremden Kaufleute begannen sich wieder in den französi-

---

³⁰) Fontanon Bd. I 1058.

schen Häfen einzufinden. Der eigene Seehandel Frankreichs
war indess zu jener Zeit noch gering, und nur während der
glänzenden Laufbahn Jaques Coeur's, der vom einfachen
Münzenschläger zum vertrauten Rath des Königs emporstieg,
wurde die französische Flagge in ferne Meere getragen.

⁎⁎⁎

Mit Karl VII Nachfolger, Ludwig XI, gelangte ein
Herrscher zur Regierung, der in allen seinen Handlungen
wie der Knecht seiner eigenen Entwürfe erscheint. Der
Monarch wird in ihm zum scrupellosen Diener seines Amtes,
der Monarchie.

Mit England war Friede; doch im Innern des Reichs
setzten sich die mächtigen Kronvasallen wider die königliche
Gewalt. Ludwig XI hat sie niedergeworfen, gleichviel mit
welchen Mitteln; seine Gegner hatten für ihn kein Recht zu
ihrer Sache, nur seine eigene Aufgabe galt ihm für gerechtfertigt, und darnach handelte er. Er hat sein Ziel erreicht;
am Ende seiner Regierung war die ganze französische Länder-
masse, mit Ausnahme der Bretagne, unter der königlichen
Krone vereint.

In der Richtung einer solchen Politik lag naturgemäss
eine entschiedene Begünstigung des Bürgerstandes und des
bürgerlichen Erwerbs. Auf allen Gebieten des Gewerbefleisses, des Handels, des Verkehrs entwickelte Ludwig XI
die umfassendste Thätigkeit.

Das Zunftwesen, das wir auch hier wiederum an erster
Stelle besprechen, wird weiter ausgebildet durch Förderung
des zünftlerischen Zusammenschlusses und willige Gewährung
von Privilegien. Die Aufgaben der Zunft, und dementsprechend
ihre Einnahmen, erfahren von neuem eine erhebliche Erweiterung.

Schon das erste Regierungsjahr bringt, nebst 13 Bestätigungen älterer Zunftstatuten, ein charakteristisches
Privileg. Der König wollte der Stadt Tours, in der er lange
Jahre verbracht hatte, einen Gnadenbeweis geben; zu diesem
Zweck bestimmt er, dass alle Gewerbe in Tours, die noch
nicht als geschworene Zünfte organisirt sind, sich diese Einrichtung künftig geben dürfen. Welche Bedeutung die Be-

willigung der Jurande für das Gewerbe hatte, wissen wir aus den früheren Schilderungen. Auf dies allgemeine Privileg für Tours wird in der Folgezeit häufig zurückgegriffen.

Im übrigen besteht die grosse Zahl von hierher gehörigen Verfügungen, welche die Ordonnanzensammlung für die Jahre 1461 bis 1464 aufweist, fast ausschliesslich aus formalen Bestätigungen. Die meisten dieser Statuten haben schon früher königliche Sanktion erhalten, nur einige wenige gelangen jetzt zum ersten Mal zur königlichen Unterschrift. Im erstern Fall ist die Bestätigungsformel die althergebrachte, das einfache Visa der Canzlei: Nos u. s. w. Notum facimus universis presentibus et futuris nos litteras inclite recordationis domini genitoris nostri cujus anime parcat Deus vidisse formam que sequitur continentes. Im zweiten Fall, d. h. wenn alte, von der Zunft gebrauchte Statuten, erstmalig dem König zur Unterschrift vorgelegt werden, ist die gewöhnliche Formel:

Desquelles ordonnances et statuz ils (nämlich die Petententen) ayent tousiours depuis joy et usé; mais ils doubtent que si elles n'étoient par nous confermées, louées et agrées, on leurs voulist mectre au temps à venir aucun trouble ou empêchement, etc.

Bemerkenswerth ist an diesen Bestätigungen nichts anderes als gerade ihre überaus grosse Anzahl[31]); in solchem Umfang finden wir sie jetzt zum ersten Male. Erst jetzt bildet sich allgemein die Gepflogenheit heraus, jedes Statut dem neuen König zur Bestätigung zu unterbreiten. Die Gründe hierfür liegen indess keineswegs auf dem Gebiete der innern Verwaltung, sondern auf dem der Justiz und der Finanzen.

Ein organisatorisches Statut hat Ludwig XI in jenen sechs Jahren nicht neu ertheilt; diese Thätigkeit des Königs beginnt erst mit dem Jahre 1467. Schon im Jahre 1465 hatte Ludwig XI. unter dem Druck des Bundes der Gros-vasallen, der Ligue du bien public, eine Maassregel getroffen, die ihm die Geneigtheit der Pariser Zünfte sichern sollte: eine Ordonnanz vom August dieses Jahres setzte für eine grosse Anzahl von Waaren die Verkaufsabgabe, die Imposition de douze deniers, ausser Hebung.

---

[31]) Die Ordonnanzensammlung verzeichnet ihrer 23 in sechs Jahren; sie im einzelnen aufzuführen wäre zwecklos.

Im Jahre 1467 erging dann das unter dem Namen Ordonnance des bannières bekannte Edict; gleichzeitig erfolgte eine, wie es scheint, allgemeine Privilegirung für das Pariser Handwerk. Die Ordonnanzensammlung verzeichnet in diesem Jahre 26 königliche Erlasse, durch welche theils frühere Privilegien bestätigt, theils Zusätze und theils ganz neue Statuten bewilligt werden Wenn wir berücksichtigen, dass die Sammlung nicht vollständig ist, so hat es den Anschein, als ob Ludwig XI als Gegenleistung für die Bewaffnung der Zünfte eine allgemeine Bestätigung der Zunftstatuten gewährte.

Die Ordonnance des bannières, welche die Pariser Zünfte unter Banner einreihte, verfolgt nur politische und militärische Ziele; für unsern Gegenstand wird ihre Wirkung insofern fühlbar, als nun für die neuen Ausgaben neue Einnahmen geschaffen werden mussten. In den Statuten des J. 1467 wird denn auch bei der Vertheilung der Aufnahmegebühren und Strafgelder nicht mehr die Bruderschaft allein bedacht; sondern es heisst jetzt à la confrérie et bannière, oder: pour soustenir les fraiz de la bannière dudit mestier.

Die Zunftstatuten selbst bieten eine reiche Ausbeute, wir werden uns indess darauf beschränken, nur einzelne besondere Bestimmungen aus ihnen mitzutheilen.

Aus den Statuten der Walker und Handschuhmacher heben wir hervor, dass bei ihnen noch des alten Hauban (s. S. 37.) als einer bestehenden Abgabe gedacht wird. Ducange citirt als letzten Beispiel das Jahr 1410. Die Abgabe wird indess noch weit später, als selbst 1467, genannt; nämlich noch im Jahre 1651 in einer Ordonnanz Ludwig XIV [32]); welche den Hauban mit anderen Abgaben vereinigt.

Auf die Walker folgen in der Reihe der Statuten des Jahres 1467 die Korbmacher. In der Ordonnanzensammlung ist dies das erste von Ludwig XI gänzlich neu ertheilte Statut. In der Korbmacherei hatte es bis dahin weder Geschworne noch Ordnungen gegeben; wie die Einleitung des Statuts sagt: »ni visitation ni puissance de corriger les malfacons, et ceulx dudict mestier ont vescu quant au fait d'iceluy sans

---

ordre et police.« Das Statut selbst enthält in seinen Bestim-
keine neuen Momente.

Mit der gleichen Begründung wie die Vorgenannten.
erbitten und erhalten neue Statuten die Glaser und Drechsler,
deren Gewerbe hierdurch die bekannten Zunfteinrichtungen
empfängt. Wenn uns bei diesen Gewerben der zünftlerische Organismus mit seinem Amt der Geschwornen, der
Aufsicht und Waarenschau, berechtigt erscheint, so finden
wir doch schon ein Beispiel des beginnenden Missbrauchs
dieser Einrichtungen. Die Pariser Weinberg-Arbeiter
bildeten seither eine Genossenschaft, aber sie hatten keine
Geschwornen Auch sie klagen, dass dieser Mangel zu schweren
Missständen geführt habe; der König bewilligt ihnen die
erbetenen vier Geschworenen. — Das ganze Statut besteht
nur aus vier Artikeln, welche die Vorschriften und Strafbestimmungen über die Untersuchung der Winzerarbeit enthalten.

Von den Statuten, die bereits zuvor in Uebung waren
und jetzt nur vom König bestätigt werden, ist zu bemerken,
dass einige von ihnen sehr alt sind und bisher nur im Livre
du Chatelet verzeichnet waren; erst jetzt werden sie extrahirt
und der königlichen Bestätigung unterbreitet. Bei diesem
Anlass wirken sich die Handwerker dann meist eine Reihe
von Zusätzen aus, wie die veränderte Zeitlage sie nothwendig machte Wir gehen auf diese Statuten nicht im
einzelnen ein, sondern geben im Nachfolgenden nur eine
Uebersicht jener Zusätze und Ergänzungen:

Die Vorschriften über das Meisterstück, über die Prüfung,
über das Lehrlingswesen, über die Untersuchung und Beaufsichtigung des Handwerksbetriebes werden eingeschärft, alte
Geldstrafen, nach dem früheren Münzfusse angesetzt, werden
erhöht; denn nach den fortgesetzten Münzverschlechterungen
konnte der Handwerker gut den alten Strafschilling zahlen,
und es blieb ihm immer noch ein Nutzen aus der Ueber-
tretung.

Die Einschreibegebühr für Lehrlinge wird, wo die Statuten
sie bisher nicht erwähnt hatten, allgemein angesetzt; das
Anzugsgeld für neu eintretende Gesellen tritt häufiger auf.
Die Umwandlung des Meistersschmausses in eine Geldabgabe

zu Gunsten der Bruderschaft schreitet weiter fort. Zu dem gleichen Zweck vermindert der König seinen Antheil an den Strafgeldern; die Zusätze bringen durchweg einen Rückgang des Königstheils und eine Vergrösserung des Zunfttheils. Bemerkenswerth ist die jetzt ziemlich unvermittelt auftretende Bestrebung, die Beschränkungen der Arbeitszeit aufzuheben. Nur die Schwertfeger bleiben bei dem alten Grundsatz, die Nachtarbeit zu verbieten: car la clarté de nuyt ne souffit pas à leur mestier. Im übrigen aber werden diese Vorschriften bereits als lästige Fessel empfunden. Die Walker erklären sich gegen jede Beschränkung der Arbeitszeit; die Handschuhmacher erreichen wenigstens soviel, dass ihnen gestattet wird, bis 10 Uhr Nachts zu arbeiten. Es scheint indess, dass diese Bewegung von den Meistern ausging, und dass die Gesellen sich der Neuerung mitunter widersetzten; denn den Tuchscherern bestätigt der König, »dass die Veränderungen in der Arbeitszeit, die sie durch Parlamentsentscheid gegen die Gesellen erstritten hatten, bestehen bleiben sollen.«

Das folgende Jahr 1488 bringt, neben zwei belanglosen Bestätigungen, eine eingreifende Verfügung, die ebenso für für den König selbst wie für seine Zeit charakteristisch ist. Die Umwallung der Stadt Orléans war hinausgeschoben und eine grosse Strecke Landes war in die Stadtmauer einbezogen worden. Die Besiedlung der Neustadt aber wollte nicht voran schreiten; denn die altstädtischen Zunftmeister forderten so hohe Gebühren, dass sich nur wenige neue Meister einfanden. Der König nimmt nun die Zuziehenden unter seinen Schutz und gewährt ihnen allgemein das Niederlassungsrecht, unter der Voraussetzung genügender Beaufsichtig des Handwerks: »qu'ils y puissent d'oresenavant lever et tenir leurs ouvrouers de leurs mestier, sans estre subjects aux ordonnances qu'on dit estre sur le faict des mestiers en ladicte ville d'Orleans sauf toutefois que les ouvrages seront subjects à bonne visitacion.«

In den beiden nächsten Jahren, bis 1470, finden wir im Ordonnanzwerk nichts weiter als drei Bestätigungen. Um diese Zeit — das genaue Jahr ist nicht festzustellen — vollzog Ludwig XI ein Regierungshandlung, die für jetzt noch vereinzelt bleibt, die indess, als Princip, einen Wendepunkt in dem zünftlerischen Betrieb bedeutet: es ist die erste Berufung fremder Arbeiter von Staatswegen, um Industrieen des Auslands nach Frankreich zu verpflanzen. Dass auswärtige Handwerker und Arbeiter sich in Frankriech niederliessen, ist zu allen Zeiten vorgekommen. Flandrische Weber finden sich schon im Livre de la taille de Paris vom Jahre 1292; deutsche Münzmeister prägten in den französischen Münzstädten; beim Aufschliessen der Bergwerke waren deutsche Bergleute vor allen andern gesucht[33]). Auch in den landläufigen Gewerken fehlte es zu keiner Zeit an Ausländern. Hier stehen wir indess vor dem ersten Beispiel, dass eine gänzlich fremde, bis dahin nicht geübte Industrie von Staatswegen und zwar zugleich mit den dazu gehörenden Nebenindustrieen, nach Frankreich verpflanzt wird. Wenn wir den Antheil Ludwig XI an der Entwicklung des französischen Gewerbewesens schildern, so gebührt diesem Vorgang eine hervorragende Stelle. Ludwig XI hat als der erste zu jenen staatlichen Maassregeln gegriffen, die von nun ab bis auf Colbert in niemals unterbrochener Steigerung fortgesetzt, das französische Gewerbe von Grund auf umgestaltet haben.

Das ursprüngliche Privileg des Königs, das um das Jahr 1470 ergangen sein muss, ist, wie bereits bemerkt, nicht vorhanden; sein Inhalt erhellt aus der Bestätigung vom Jahre 1480, deren Einleitung wir hier wiedergeben:

„Comme puis diz ans ença ou environ pour le bien, prouffit et utillité de la chose publique de nostre royaume et aussi nostre plaisance, nous ayons fait venir en nostre ville de Tours noz bien amez N. N.[34]) tous ouvriers et faiseurs de draps de soie lesquelz pour nous servir, obeyer et complaire ont liberalement habandonné les pays de leurs nacions et lieux ou ilz étaient demourans et ont tous jours de puis demouré en nostre ville de Tours et illec, de

<hr>

[33]) Ludwig XI hebt dies besonders hervor in der Bergwerksordnung für das Vicomté de Couserans 1483 C. d. l. XIX S. 105.
[34]) Folgen die Namen. Von dem alten Arbeiterstamm sind schon einige verstorben. Die Ueberlebenden sind 16 Italiener, 1 Grieche (Goldzieher) und zwei Burgunder.

nostre ordonnance, appris iceluy mestier à N. N.[35]) tous natifs
de nostre royaume et aussi N. N.[36]) dudict pays d'Italie lesquelz
sont à présent ouvriers, et à plusieurs autres apprentifz a
présent besoignans dudit mestier et artifice de draps d'or et
d'argent et de soye etc. etc."

Die Industrie, die Ludwig XI nach Frankreich, und zwar
nach der ihm besonders lieben Stadt Tours, verpflanzt hat,
ist die Fabrikation der draps de soye, d'or et d'argent,
Waaren, die seither vom Auslande bezogen wurden. Wir
sehen, dass der Versuch gut geglückt ist; das Gewerbe ist
vollständig im Gange. Die alten fremden Handwerker sind
geblieben, ein neuer Stamm einheimischer Arbeiter ist von
ihnen herangebildet, und für den Nachwuchs ist durch Lehrlinge gesorgt.

Ueber die den fremden Wirkern und ihren Gehülfen
ertheilten Privilegien gibt der königliche Brief gleichfalls
Auskunft. Da sie Ausländer waren und überdies keiner Zunft
angehörten, musste ihnen ein Schirmvogt bestellt werden;
als solcher wird einer der dortigen königlichen Beamten,
Guillaume Briqonnet, bestimmt. Der König bewilligt den
Wirkern volle Rechts- und Erwerbsfähigkeit; sie können
Güter und Besitz aller Art erwerben und darüber letztwillig
verfügen; sie sind vom Fremdlingsrecht, dem droit
d'aubaine, befreit. Sie dürfen keinen grundherrlichen Abgaben,
wie tailles u. dgl', unterworfen werden, und für die Erzeugnisse ihrer eigenen Grundstücke wird ihnen die Verkaufsabgabe, die douze deniers pour livre und die aides, erlassen. —

Mit unsrer bisherigen Darstellung haben wir nunmehr
eine Uebersicht dessen gegeben, was Ludwig XI auf dem
Gebiete des Zunftwesens und des Handwerks neues geschaffen hat. So umfassend die Thätigkeit des Königs in den
folgenden dreizehn Jahren bis 1483 ist, es treten in ihr keine
neuen Momente hervor, und sie bleibt bei den seither ent-
wickelten Grundsätzen. Die Erweiterungen zu den alten
Statuten, und die Bestimmungen der erstmalig bestätigten,

---

[35]) folgen 17 Namen französischer Untert'anen.
[36]) folgen 6 Namen italienischer Arbeiter.

bewegen sich durchweg in der zuvor gekennzeichneten Richtung.

Im einzelnen mögen wir den Statuten noch folgende gelegentliche Angaben entnehmen:

In den Zunftbriefen jener Zeit werden mehrfach die «dix-sept villes de draperie du Royaume» erwähnt; soweit ich aus den Statuten zusammenstellen konnte, waren dies: Paris, Rouen, Orleans, Bayeux, Lisieux, Montierviller, Saint-Lô, Bernay, Louviers, Beauvais, Bourges, Issouldun, Senlis, Harfleur, Poitiers, Angers, Saumur. In diesen Städten bestanden geschworene Tucherzünfte, und sie sind gemeint, wenn von den «17 Tucher-Städten des Reiches» gesprochen wird [37]). Doch sind unter diesem Begriff nur die Lande des alten Königreichs, nicht die unter Ludwig XI mit der Krone vereinigten Gebiete zu verstehen. —

Die Belagerung von Beauvais gab den Pariser Tuchhändlern Gelegenheit, sich auszuzeichnen. Ein Gnadenbrief Ludwig XI spricht von den «bons, grans et louables services à nous faictz par plusieurs desdicts bourgeois marchans et drappiers, durant le temps des guerres et divisions et le siege de Beauvais». Welcher Art diese Dienste gewesen sind, erfahren wir nicht; doch ist es schon Ehre genug für das Pariser Gewerbe, neben den heldenmüthigen Frauen von Beauvais rühmend genannt zu werden. —

Unter den Pariser Viehmaklern, deren Zahl seit Karl VI auf zwölf festgesetzt war, hatte sich der Missstand herausgebildet, dass drei Makler durch allerlei Machenschaften das gesammte Marktgeschäft an sich gezogen hatten. Ludwig XI griff hier kräftig ein und bestimmte, dass ein jeder die Hälfte seines Gewinns abzuliefern habe; die Beträge wurden dann gleichmässig unter alle vertheilt. —

Im Jahre 1480 wurde die Stadt Clermont «aus besonderer Gunst» zu einer ville jurée gemacht, wodurch die Gewerke das Recht erhielten, sich als geschworene Zünfte zu organisiren,

Die Gesammtzahl der Bestätigungen und Privilegirungen von Zunftstatuten, die das Ordonnanzwerk unter der Regierung Ludwig XI verzeichnet, beträgt 73 [38]). Dass aus dieser

---

[37]) Später wird noch Chartres erwähnt.

[38]) Hierzu kommt noch das Statut der Weissgerber von Tours,

Zahl an sich auf die organisatorische Thätigkeit des Königs
kein Schluss gezogen werden kann, habe ich bereits zuvor
(S. 83) bemerkt.

Bei der Besprechung des Zunftwesens haben wir noch
der Schaffung von Zunftmeistern durch königliche Gnade zu
erwähnen. Wir konnten bereits nachweisen, dass Karl VII
dies Recht sowohl in Paris wie in den Provinzen ausübte;
die beiden uns erhaltenen Akte sprechen indess nur von;
Ernennungen für die eigene Person des Königs. Unter
Ludwig XI wird dies Recht nicht für den König allein,
sondern auch für den Dauphin und für die Königin Char-
lotte in Anspruch genommen. Beispiele hiervon finden wir
unter den Ordonnanzen und in Thierry's Geschichte von
Amiens [39]).

— ·· ◄●► ·· —

Wir beenden hier die Besprechung des Zunftwesens
unter Ludwig XI, um, wie dies zuvor geschehen, eine kurze
Darlegung der Maassnahmen anzureihen, die auf Handel und
Verkehr Bezug haben.

In der Fürsorge für den Verkehr und den auswärtigen
Handel ging Ludwig XI weit über die Thätigkeit seines
Vaters hinaus. Der umfassende Blick und die politische Ge-
schicklichkeit des Königs treten auf diesem Gebiet ganz besonders hervor. Zur Unterstützung des Handels boten sich
Ludwig XI zwei Mittel; das eine war die Förderung der
grossen Messen; das andere die Privilegirung fremder Kaufleute und der Abschluss von Handelsverträgen.

Die Messe, auf deren Hebung Ludwig XI die grösste
Mühe verwandte, war die von Lyon. Durch eine ein-
schneidende Verfügung vom Jahre 1462 [40]) suchte der König
zunächst den Handel der Stadt Genf lahmzulegen und den
Verkehr von dort abzulenken. Das Edict untersagte allen
französischen Kaufleuten, die Genfer Messen zum Einkauf oder
Verkauf zu besuchen, und verbot, Güter und Waaren von

---

die sich unter Berufung auf das Privileg S. im Jahre 1478 Geschworene
gaben, ihr Statut aber erst 1491 unter Karl VIII zur Bestätigung brachten.

[39]) C. d. L. Bd. XVIII und Thierry a a. O. Bd. II.

[40]) Im Einverständniss mit Savoyen, von dessen Herrschaft sich
Genf zu befreien suchte.

jenen Messen durch das französische Gebiet zu führen[41])
Im folgenden Jahre (1463) erhöhte dann Ludwig XI die Zahl
der jährlichen Lyoner Messen von drei, die Karl VII ein-
gerichtet hatte, auf vier. Gleichzeitig wurden die Privilegien
wesentlich erweitert, wie es den ausgedehnteren Beziehungen
mit fremden Völkern entsprach. Die fremden Kaufleute
können von einer Messe zur andern in Lyon verbleiben, und
stehen dann unter königlichem Schutz. Der Umlauf fremder
Geldsorten, der Verkehr mit Wechselbriefen wird gestattet
und geregelt. Von allen Privilegien und vom freien Geleit
sind indess die Engländer, die noch immer «Nos anciens
ennemis« benannt werden, ausgeschlossen. Die Stadt Lyon
zeigte sich erkenntlich für die ihr zugewandten Begünsti-
gungen; im Jahre 1467 übermittelte sie dem König ein Geschenk von 3987 Livres 10 sols zum Ankauf von zweihundert
Harnischen, worauf ihre Privilegien nochmals bestätigt
wurden.

Die zahlreichen Bewilligungen neuer Messen in den
Provinzstädten haben meist nur eine locale Bedeutung; ausgenommen etwa die Ausdehnung der Rouener Messe, des
sogenannten Pardon St. Romain, von zwei auf sechs Tage,
und die Errichtung von Messen in der Stadt Caen.

Am unermüdlichsten aber zeigt sich der König in seinen
Bestrebungen, den auswärtigen Handel Frankreichs zu ent-
falten. Nach den damaligen Verhältnissen galt es zu solchem
Zweck, die seefahrenden Nationen nach den französischen
Häfen zu ziehen. Ludwig XI gab ihnen Privilegien, die weit
über die Anschauungen seiner Zeit hinausgehen, und in
denen sich ein neuer Geist ankündet. Den Holländern und
Flamändern wurden neue Vorrechte ertheilt, um ihre alten
Verbindungen mit Bordeaux und La Rochelle zu heben. Mit
der deutschen Hansa wird ein regelrechter Staatsvertrag abgeschlossen und mehrfach erneuert. Schliesslich erscheint als
denkwürdigstes Instrument der Vertragspolitik Ludwig XI
das Abkommen vom Jahre 1475, durch das die feindselige
Behandlung der Engländer in den Häfen der Guyenne aufgehoben wurde. Nach endlosem Streit traten hiermit die

---

[41]) Fontanon 1 1090 ff.

beiden Nationen wieder in friedliche Beziehungen, und die
vielumstrittene Guyenne öffnete ihre Häfen den Handels-
schiffen ihres ehemaligen Landesherrn.

Unter der Regierung Karl VIII., die von 1483 bis 1498
währte, setzte sich die Entwicklung des Gewerbewesens in
den zuvor beschriebenen Bahnen fort. Wir kennen jetzt die
Kräfte, die in Bewegung sind, und sie wirken nunmehr fast
selbstthätig in ihrer eigenen Richtung weiter.
Vollkommen neue Institutionen im Gewerbewesen werden
wir unter Karl VIII. nicht zu besprechen haben; von allem
was sich unsrer Darstellung jetzt bietet, reichen die Wurzeln
in frühere Zeiten zurück. Indess die älteren Ansätze sind
mitunter so unscheinbar, ihre Ausgestaltung hat den ersten
Ursprung so sehr verändert, dass wir auch in dieser kürzeren
Periode häufig genug von neuen Erscheinungen berichten
können.
An Regierungsacten Karl VIII. verzeichnet das Ordonnanzwerk eine stattliche Zahl; wir müssen auch hier genau unterscheiden zwischen rein formalen Bestätigungen, zwischen Be-
willigung von Zusätzen, und zwischen Verleihungen gänzlich
neuer Statuten. Ich bemerke gleich, dass unter Karl VIII die
zweite Form, nämlich die Gewährung erweiterter Rechte
durch Zusätze zu den alten Statuten, die überwiegende ist.
Die ersten beiden Regierungsjahre bringen eine lange
Reihe von Privilegirungen. Die Pariser Fleischerzunft benutzt
diese Privilegien-Erneuerungen beim Regierungswechsel, um
sich 42 Artikel Zusätze bewilligen zu lassen, von denen die
Zunft behauptet, dass sie Gewohnheitsrecht und schon lange
in Uebung seien. Die Artikel sind in dem monopolistischen
Geist abgefasst, der die Fleischerzunft zu allen Zeiten kenn-
zeichnete. Als Beispiel sei nur der Wahlmodus für die Geschworenen angeführt. Die vier abgehenden Jurés wählen zunächst vier Meister; diese ernennen die vier Geschworenen
für das nächste Jahr, und zwar dürfen sie die alten wählen,
oder auch sich selber, oder wen sie sonst wollen. Wie dieser
nominelle Wahlact sich in Wirklichkeit abspielte, lässt sich
leicht denken.

Das Jahr 1484 übermittelt uns einen Vorgang, der als Ferment von hervorragender Bedeutung ist. Die Rouener Tucherzunft führte von Altersher ein Siegel zum Stempeln der Tuche; die Zunftgeschworenen hatten es früher im Verwahr und siegelten die Stücke der zünftigen Meister unentgeltlich. Als die Engländer Rouen besetzt hielten, hatten sie auf die Stempelung eine Gebühr von fünf Denaren gelegt und die Erhebung in Pacht vergeben. Aus der Handhabung durch die Pächter waren dann Unzuträglichkeiten entstanden, unter denen das Gewerbe schwer zu leiden hatte. König Karl bewilligt deshalb, dass die Zunft selbst diese Abgabe in Pacht nehme, gegen eine jährliche Zahlung von 36 Livres

Wir haben hier das erste Beispiel der staatlichen droits de marque, die in der Folgezeit immer mehr ausgebildet und schliesslich zu einem regelrechten Abgabensystem wurden, das seit dem Ende des siebzehnten Jahrhunderts den Waarenverkehr Frankreichs bedrückte.

Der hohe Werth des Ursprungsstempels, der Marke, im gewerblichen Verkehr wurde von dem Mittelalter in seiner vollen Bedeutung erkannt und gewürdigt. Lange bevor Colbert von der erziehlichen Wirkung der Waarenmarke sprach, hat die selbstverwaltende Zunft ihre Erzeugnisse mit erkennbaren Abzeichen versehen und dadurch die Bürgschaft für gute Beschaffenheit übernommen. Aengstlich hüteten vor Allem die Tucherzünfte ihre Abzeichen, das Siegel und das Sahlband[12]. Doch auch in den anderen Zünften war es ebenso, und der Grundsatz der Stempelung der Fabricate war allgemein.

Die Gerberzünfte stempelten das untersuchte Leder, ehe es verarbeitet werden durfte; die Goldschmiede stempelten das Edelmetall, die Hüttenmeister das Eisen und den Stahl[13]); die Zinngiesser, die Kunstschreiner, die Hutmacher hatten eigene Stempel, und selbst die Werkleute mussten ihre besonderen Abzeichen führen.

Aus dieser alten zünftlerischen Waarenschau ist die ganze Reihe von theilweise drückend hohen, immer aber lästig empfundenen Abgaben entstanden, die mit den Namen

---

[12]) Vgl. S. 93.
[13]) C. d. L. Bd. XIX S. 568 Maréchaux et Forgerons de Paris.

8

Droits de Marque bezeichnet wurden. Einzelne dieser Abgaben gehen unmittelbar auf die Stempelgebühr der Zünfte zurück; andere wurden, ganz mit der gleichen Begründung, den später geschaffenen Fabrikinspectoren als Gebühr für ihre Stempelungen zugelegt.

So wurde aus dem Stempel der Gerberzunft die Marque des cuirs, die Ledersteuer; aus dem Goldschmiedestempel wurde die Marque d'or [14]), die Abgabe von Gold- und Silbergeräth. Aus dem Eisenstempel wurde die Abgabe der Marque des fers, und es ist irrthümlich, wenn man die Besteuerung des Eisens mit dem Bergwerkszehnten in Zusammenhang gebracht hat. Denn das Bergwerksregal hat in Frankreich niemals zu Recht bestanden [15]). Die Eisenabgabe ist vielmehr, ganz so wie die andern vorgenannten, aus der Waarenschau hervorgegangen und alle späteren Steuerreglements lassen die Bindung an die Untersuchung der Fabricate genau erkennen. Andere droits de marque sind später mit der Gründung und Beaufsichtigung der Manufacturen entstanden.

Auch diese Einrichtung ist in ihren Tendenzen umgeschlagen. Als der Staat die Gewerbepolizei an sich zog, übernahm er mit Recht auch die alten Untersuchungs- und Prüfungsgebühren; aber er verstand nicht, ihnen eine zeitgemässe Umgestaltung zu geben, wie sie den völlig veränderten Productionsformen entsprach. Eine staatliche Gewerbegesetzgebung war inzwischen ausgebildet worden, der Stand des Gewerbes war ein gänzlich anderer geworden. Die Beaufsichtigung aber wurde jetzt nicht mehr des Betriebes, sondern der Steuereintreibung wegen, und nicht durch Zunftgeschworene, sondern durch Steuerpächter geübt.

So wurde der ursprüngliche Charakter der Droits de Marque völlig verdunkelt; im achzehnten Jahrhundert gehörten

---

[14]) Nicht zu verwechseln mit dem Marc d'or, einer Gebühr, die für die Verleihung eines Amtes bei der Vereidigung erhoben wurde, und etwa den alten lehenmässigen Gebühren beim homagium entspricht.

[15]) Der Bergwerkszehnt war vielmehr ein grundherrliches Recht, das dem König in seinen Herrschaften, und den Grossvasallen in den ihrigen zustand. Einige Ordonnanzen vindiciren es formell dem König, um dann hinterher in der Hauptsache auf die Erhebung Verzicht zu leisten.

sie zu den schwerfälligsten und scheinbar unverständlichsten Abgaben. Es ist demnach auch steuergeschichtlich nicht ohne Interesse, sie in ihrem ersten erkennbaren Entstehen zu zeigen.

In den folgenden Jahren reiht sich Statut an Statut; doch es ist meist schablonenmässiges Product und bietet uns wenig. Ein schlimmes Aergerniss plagte die Schneider von Saintes, von dem übrigens alle ihre Zunftbrüder in Paris, Rouen und anderwärts in Ausdrücken des Missmuths berichten. Es betrifft die unzünftigen Schneidergesellen, die insgeheim in Bürgerhäusern ihr Handwerk ausübten Die Zunftsprache hat eine eigene Bezeichnung für diese Pfuscher geschaffen; man hiess sie »crochechats«. Denen von Saintes waren sie besonders zuwider, und wir können den ehrbaren Meistern nicht Unrecht geben, wenn wir ihre Begründung lesen:

»Que se aucuns [16]) cousturiers appelés c r o c h e c h a t z qui besoignent en chambre et maisons secretement et ne paient aucuns devoirs au Roy ne à la ville, ne ne font aucun bien à la chose publique, mais tollent la vie aux autres pauvres maistres et compaignons qui payent les tailles et subsides au Roy nostre seigneur et corvées a ladite ville, ils seront à l'amende de 15 sols, chacune fois«.

Steuern und Lasten wurden in immer steigendem Maasse auf die Zunft gelegt; der Pfuscher aber zahlte nichts, und nahm dem schwer belasteten Handwerker das Brod vom Munde weg. Diese damaligen Umstände müssen wir berücksichtigen, ehe wir das Vorgehen der Zünfte gegen die Bönhasen als hart und eigennützig verurtheilen.

Wir haben nunmehr noch von einigen Nachträgen zu den unter Karl VII. u. Ludwig XI. besprochenen Meisterernennungen durch königliche Gnadenbriefe zu berichten. Ich habe bereits zuvor (S. 97) bemerkt, dass solche Briefe unter Karl VIII. im Ordonnanzwerk nicht verzeichnet sind; dagegen beschäftigen sich einige Zunftstatuten mit ihnen und bestätigen dadurch ihr häufiges Vorkommen.

Diese Statuten gehören der Stadt Angers an, und zwar sind es die der Zimmerleute, der Zinngiesser und der Waffenschmiede; also gänzlich verschiedene Gewerbe, so dass es

---

[16]) steht ohne Verneinung für quelques.

sich darnach wohl um einen allgemeinen Einspruch handelt.
In den drei Statuten wird in ziemlich übereinstimmender
Weise festgesetzt, dass der Empfänger eines Gnadenbriefes
gleichwohl gebunden sei, seine Fähigkeit im Handwerk vor
der Zunft zu erweisen. Der Ausdruck Chef d'oeuvre ist
hierbei vermieden; die Zunft verlangt einen „Essay." Am
schärfsten ist die Fassung bei den Zinngiessern; sie lautet
folgendermaassen:

„Et s'il advenoit que aucun ouvrier soit passé maistre
par lettres et grace de Prince, il sera tenu faire ung essai
tel qu'il lui sera ordonné par les maistres et payera le droit
des maistres ainsique les autres maistres passés par examen
et pourra estre passé et receu maistre et tenir boutique de
ce que touchera icellui essay seulement et ne sera appelé
aux fais[47]) dudit mestier, se ne semble aux autres maistres
qui auront passé par chief d'oeuvre "

Die dicht gedrängte Folge von Privilegirungen, die in
der Ordonnanzensammlung nunmehr an uns vorüberzieht,
bietet stets das gleiche Bild. In den fünfzehn Jahren der
Regierung Karl VIII verzeichnet das Werk insgesammt nicht
weniger als 71 solcher Privilegien, bei weitem die höchste
Ziffer unter irgend einem Regenten, wenn wir die Dauer
der Regierung in Betracht ziehen. Unter diesen Acten fehlt
es nicht au Neu-Errichtungen von Zünften; in der über-
wiegenden Mehrzahl finden wir indess Bestätigungen älterer
Statuten, denen jetzt meist einige längere oder kürzere Zusätze, wie sie die veränderte Zeit erforderte, angefügt werden.
Die Tendenz all' dieser Bestimmungen ist uns bekannt; sie
folgen dem allgemeinen Zuge, der die fernere Entwicklung
des Zunftwesens bestimmt, und wir haben ihnen nichts mehr
zu entnehmen. —

Als letztes in dieser langen Reihe von Statuten sei hier
ein Privileg genannt, das uns in ungezwungener Fügung zu
unserm ersten Ausgangspunkte zurückführt. Es ist das
Privileg der Pariser Fischhändler, der Poissonniers d'eau
douce, die im Jahre 1484 ihr altes Statut aus dem Livre des
métiers nochmals wortgetreu zur Bestätigung bringen. Bis
dahin, 225 Jahre hindurch, hat die Zunft nach ihren ersten

---

[47]) faits, Angelegenheiten.

Satzungen gelebt, und nichts an ihnen geändert; ein schönes
Beispiel — wenn es selbst nicht das einzige wäre — von
treuer Anhänglichkeit an den alten, überlieferten Brauch.
Erst jetzt empfindet die Zunft die Nothwendigkeit, eine Anzahl
neuer Bestimmungen zu schaffen; doch sie giebt darum ihr
altes Recht nicht auf, und Wort für Wort lässt sie es in den
neuen Privilegienbrief aufnehmen, so wie es einst Etienne
Boileau aufzeichnete. Dann erst folgen die neuen Zunft-
artikel.

Es berührt eigenthümlich, die Zeugnisse zweier entfernter
Jahrhunderte hier unvermittelt nebeneinander zu finden. Wir
fühlen uns gedrängt, die Wandlungen in Sprache und Ausdruck zu vergleichen, Meinung und Anschauung beider Zeitalter gegenseitig abzuwägen. Wir können indess einem
solchen Wunsche hier nicht nachgehen, und nur, was zu
unserm Gegenstande gehört, dürfen wir aus diesen Urkunden
hervorheben.

Die Kinder des fünfzehnten Jahrhunderts machen ihren
Vätern aus der alten Zeit — so ehrfurchtsvoll sie ihre Bräuche
bewahren — doch den Vorwurf, sie seien halbe Heiden gewesen; denn sie hätten nicht gewusst dass zum Seelenheil
ehrbarer Zunftmeister und Meisterinnen die Unterhaltung
einer Bruderschaft unerlässlich ist:

„Pour ce que les marchands poissonniers qui estoient
au temps que les dicts statuts furent faicts, ne furent advertiz
ne advisez de faire quelque confrairie et icelle fonder en
l'honneur de Dieu et de la Vierge Marie, les dits suppliants
qui desirent vivre selon Dieu ont conseillé et advisé de faire
et ériger une confrairie."

Doch die Rüge ist nicht ernst zu nehmen; sie war nur
ein Vorwand für sehr profane Ansprüche:

„et aussi pour réparer, entretenir et soustenir les allées,
pons, pallées¹) et bouticles appartenans à ladicte marchandise,
leur est besoing faire lever aucune somme de deniers sur
eulx mêmes."

Die Zunft hatte eine Reihe gemeinsamer Ausgaben zu
leisten, und dazu musste, wie wir nun zur Genüge wissen,

---

¹) barrières.

die Confrérie herhalten, die eine ganz weltliche Einrichtung
geworden war. Die Einnahmen der Zunft mussten vermehrt
werden, und nun fiel auch das alte Kaufgeld, der Achat du
metier; er hatte sich lange genug gehalten. An seine Stelle tritt
die neuzeitliche Aufnahmegebühr, die Fremde wie Meistersöhne
zu zahlen haben, und die zu einem Viertel dem König und
zu drei Vierteln der Confrérie zufliesst.

Die Zunft hätte den Zeitgeist schlecht verstanden, wenn
sie nicht die Gelegenheit benutzt hätte, ihre Vorrechte schärfer
zu fassen und die steigende Abneigung gegen Fremde und
Neulinge zum Ausdruck zu bringen. Der fremde Händler,
der Fische nach Paris brachte, durfte seine Waare selbst
verkaufen; aber es war ihm untersagt, sie durch Kleinhändler
(Regratiers) vertreiben zu lassen; das wäre „chose pré judici-
able à la chose publique: car regratiers le regratent le tiers
plus chier que se tout venoit au marché.‟

Der unverfälschte Zunftgeist aber spricht aus dem
Artikel 6 des neuen Statuts, der von der Aufnahme neuer
Meister handelt. Im Livre des métiers verlangt die Zunft,
dass der neue Meister «des Gewerbes kundig, rechtschaffen,
von ehrbarem Wandel und gutem Rufe sei»; dann nahmen
die Geschworenen ihn in ihrer Mitte auf. — Das neue Statut
sagt:

›Pour ce que es dits mestier et marchandise d'eau douce
g i s t g r a n d i n d u s t r i e e t c o n n o i s s a n c e , nul ne sera
receu audit mestier s'il n'a esté apprentiz par trois ans.‹

So erhob die Zunft selbst in den einfachsten Gewerben
und Verrichtungen immer neue Schranken, sich selbst zum
Schaden, und ihr eigenes altes Recht vernichtend, indem sie
es zum einseitigen Vorrecht machte. —

Die Thätigkeit Karl VIII in der Pflege der grossen
Messen und der Handelsbeziehungen schloss sich an die seines
Vorgängers an. Einer der ersten Regierungsacte des Königs
war die Bestätigung eines Vertrags mit der deutschen Hansa,
den noch Ludwig XI vereinbart hatte. Die Lyoner Messen
erfuhren einen zeitweiligen Rückgang; im Jahre 1483 wurden
sie zum Theil nach Bourges verlegt, wie König Karl zehn

Jahre später sagte „au pourchas et instigation d'aucuns[49]) et par importunité de requestes, inadvertance ou autrement"[50]), im Jahre 1494 werden sie jedoch Lyon zurückgegeben.

Karl VIII betrieb um diese Zeit seine Vorbereitungen zu dem Kriegszuge nach Neapel und noch im gleichen Jahre überstieg er die Alpen. Der Eindruck, den das schöne Land auf das Gemüth des Königs machte, ist in dem Werke Levasseurs geschildert. Neue Gedanken, neue Künste, neues Streben brachte der König aus Italien mit, und der Einfluss zeigte sich bald in dem französischen Gewerbe, das die die neuen Vorbilder willig aufnahm.

— ·-·-·- —

Wir schliessen hier unsre Darstellung, die uns durch das Mittelalter bis an die Schwelle der Neuzeit geführt hat. Unsre Aufgabe war, die Entwicklung des Gewerberechts und der gewerblichen Besteuerung durch drei Jahrhunderte vorzuführen.

Wandlungen des Rechts, im einzelnen oft unmerkbar, doch gewaltig in ihrem Endergebniss, sind indessen an uns vorübergezogen.

Zu Anfang unsrer Schilderung sahen wir den Handwerker vom hörigen Diener zu dem zünftigen Meister emporsteigen; das Magisterium der Unfreien weicht dem Amte selbstgewählter Vorsteher; die Zunft umschliesst das gesammte gewerbliche Leben und das gewerbliche Recht. Mit dem Gang der Zeit erweitern sich Befugnisse und Aufgaben der Zunft immer mehr, und neue Aufgaben und Rechte wachsen ihr fortwährend zu.

Im fünfzehnten Jahrhundert bereitet sich allmählich eine Umwälzung vor. Die Zunft ist zwar immer noch das ausführende Organ auf gewerblichem Gebiet; der treibende Wille kommt dagegen von einer andern Stelle. Bald treten die Veränderungen, deren erste Anfänge wir entstehen sahen, auch äusserlich erkennbar hervor, und die glänzende Erhebung des Staatsgedankens im sechszehnten Jahrhundert bringt dann den Umschwung zum sichtbaren Abschluss; das Gewerberecht wird den domanialen Rechten eingefügt.

---

[49]) quelquesuns. [50]) F o n t a n o n I 1064.

Für die Zunft aber beginnt eine Zeit des Niedergangs. Sie sondert sich immer mehr ab, sie nimmt keine frischen Kräfte mehr auf, und was sich im Gewerbe neu herausbildet, muss neben und ausser ihr entstehen. Die zünftlerische Verwaltung dient nur dem eigenen abgeschlossenen Interesse. Dieser Verfall einer Einrichtung, die zu ihrer Zeit das höchste geleistet hat, ist nicht aus einem Princip, nicht aus einer Ursache zu erklären; und wir sind von solchem Versuch gewiss am allerweitesten entfernt; die Folgen aber dürfen wir wohl zu e i n e m Satze zusammenfassen: wo die Selbstverwaltung versagt, wo sie die ihr anvertrauten Rechte selbstsüchtig missbraucht, da hat allenthalben die Entwicklung nur einen Weg gekannt; es ist der des Absolutismus.